# 解鎖超級關係力

## 迴向式定聯,讓客戶主動接近你的秘密

蔡國河、簡百應 合著

## contents

### | 推薦序 |

- 人脈的力量,在於價值流動　張宏明　　/ 11
- 從關係到資產,從接觸到信任　張正忠　　/ 13
- 影響力的核心,是真誠與系統　張玉年　　/ 15
- 用系統贏得信任,把人脈變成資產　梁櫰之　/ 17
- 從陌生到信任,從人脈到資本　黃世芳　　/ 19
- 打開 LINE 就是成交力:行銷人員必讀的人脈寶典!　詹鴻漳　/ 21

### | 自序 |

- 關係的本質,是你給出去多少　/ 23
- 打開那把隱形的鎖:讓人脈開始流動　/ 25

### | 前言 |

- 成就與眾不同的你　/ 27

 **chapter 1　找對方法行銷不孤獨**

*1-1* │ 陌生領域建立信任橋樑　／ 30

*1-2* │ 從 0 到 1 建立人脈磁場吸引力　／ 35

*1-3* │ 創造價值成為讓人想主動接近的對象　／ 40

*1-4* │ 建立關係，人人皆可成為人脈經營的頂尖高手　／ 44

*1-5* │ 創造永久持續性的人脈交集價值　／ 48

 **chapter 2　人脈就是錢脈——雷達全開搜尋人脈**

*2-1* │ 關係幾何學放大影響力　／ 54

*2-2* │ 利用 LINE 多頁訊息進行點對多的關係觸及策略　／ 63

*2-3* │ 多頁訊息的迴向應用：讓資訊內容成為橋樑　／ 71

*2-4* │ 點擊信任開關：利用「協作多頁訊息」瞬間破冰　／ 78

*2-5* │ 如何挖掘深藏不露的客戶　／ 84

*2-6* │ 打造社群「人脈磁吸場」：讓人無法忽略你　／ 95

# 垂直與水平人脈佈局秘訣

- **3-1** | 三步驟點燃人脈的自發裂變　/ 102
- **3-2** | 用 LINE 多頁訊息鏈接人脈關係　/ 111
- **3-3** | 識別並引發關鍵影響者　/ 116
- **3-4** | 掌握人脈光擴效應　/ 123
- **3-5** | 深度連結 VS 廣度輻射：如何達到平衡效益　/ 129
- **3-6** | 個人節點的垂直經營與水平經營　/ 134

# 迴向式定聯讓價值循環雙向回報

- **4-1** | 成為讓人想主動接近的對象　/ 142
- **4-2** | 讓關係網層層疊加　/ 147
- **4-3** | 定聯的力量：如何將短期互動轉化為長期價值　/ 153
- **4-4** | 關係互助銀行：打造讓人信賴的情感資產　/ 159
- **4-5** | 從關係消耗到關係增值：用 LINE 多頁訊息打造你的影響力資產　/ 166
- **4-6** | 裂變引擎：讓人脈自動循環增長的技術　/ 173

 **chapter 5　創造雙贏的持續關係模式**

*5-1*｜人脈矩陣解碼：掌握超高效串連法則　／ 180

*5-2*｜價值遞送迴圈：創造雙贏的持續關係模型　／ 186

*5-3*｜關係連鎖反應：如何將不同圈層變成交集　／ 192

*5-4*｜數據化人脈經營：用矩陣法設計你的超級網絡　／ 198

*5-5*｜用 LINE 多頁訊息建立全方位串連策略　／ 204

*5-6*｜從人脈鏈到成交點線面：用 LINE 多頁訊息打造商務連結場域　／ 211

 **chapter 6　綿延不斷的交集價值**

*6-1*｜人脈交錯的能量場　／ 218

*6-2*｜人脈金字塔升級：深耕核心關係與拓展外圍圈層　／ 224

*6-3*｜成為永續關係經營的頂尖高手　／ 230

*6-4*｜人脈拼圖的終極奧義：讓每一塊都變得不可或缺　／ 236

*6-5*｜建立多向流動的互惠網絡　／ 241

*6-6*｜值得終身託付的對象　／ 246

| 結語 |

- 解鎖屬於你的人脈完美網絡　／　251

## 推薦序

# 人脈的力量，在於價值流動

---

文／國際扶輪 3500 地區前總監　張宏明　PDG Tony

　　在扶輪社服務多年，我深知一件事：**人脈不是一張名片，也不是一場餐敘，而是一種持續流動的價值。**

　　今天我們見證了科技改變人與人互動的型態，也挑戰著每一位業務工作者的經營方法。

　　《解鎖超級關係力》這本書正是因應這個變局的一份珍貴禮物。

　　作者以多年在保險、行銷及業務教育的實戰經驗，提出一套完整、可操作的人脈經營架構。

　　不同於傳統只強調熱情或禮貌的「人脈書」，本書更進一步拆解**如何以 LINE 作為策略工具，將人脈關係設計成一條能自動孵化信任的流程。**

　　尤其「定聯」這個概念深得我心。

　　在扶輪社，我們重視持續聯繫與服務精神，定聯正是這種精神的現代化演繹。

　　從書中可以看見：**不是隨意打擾，而是有節奏、有意圖的傳遞價值**，最終換來對方的認同與合作。

更難得的是，作者將定聯拆分為四個清晰維度，讓每位讀者可以依照自己的產業特性，量身打造屬於自己的互動節奏。

這種方法論結合 LINE 多頁訊息工具，不僅降低了陌生開發的難度，也讓人脈經營從感覺化走向科學化。

書中一再提醒我們：**最重要的不是你認識幾個人，而是你能帶給對方什麼影響力。**

在這個瞬息萬變的商務環境裡，若想長期站穩立足點，就必須擁有一套能持續擴展與維護人脈的策略。

我真心推薦《解鎖超級關係力》給所有正在追求突破的業務夥伴與企業主。

相信當你翻開每一章，將會對「關係」有全新的理解，並找到屬於自己的成長路徑。

這是一本能啟發視野，也能立刻付諸行動的作品，值得收藏，也值得一次又一次地翻閱。

| 推薦序 |

# 從關係到資產，從接觸到信任

◆

文／芙洛麗大飯店 董事長、獅子會前議長 張正忠 Jason

在企業經營與社會服務的多年歷程中，我深深體會到：**人脈，不只是資源，更是長遠成功的基礎。**

無論你是飯店的服務人員、業務夥伴，還是社會組織的領導幹部，能否創造出一種「讓人主動靠近你」的影響力，決定了你能走多遠、多穩。

這本《解鎖超級關係力》，正是針對現代商務環境最切中要害的作品。

作者累積多年保險與行銷的實戰經驗，不僅深諳人性，更懂得把複雜的人脈經營方法，轉化成一**套任何人都能上手的行動系統**。

我特別欣賞書中提出的「定聯」概念。

很多人以為聯絡客戶只是逢年過節送個祝福，但真正高階的經營，是在**對方尚未表達需求時，就能恰如其分地提供價值**。

而這種價值，不是偶爾的用力，而是**持續、規律、誠懇的陪伴**。

更令人印象深刻的，是作者把定聯拆解為四個不同維度，讓我們不再依賴情感直覺，而是有一套科學化的方法去設計溝通節奏。

同時，本書將 LINE 多頁訊息的運用提升到全新的高度，透過策略化的內容分層和互動設計，讓每一次接觸都成為信任的累積。

我亦深刻體會顧客關係維繫的挑戰，也見證太多同業在數位轉型中迷失方向。

本書給我們的啟發，不只是業務成交，更是**如何在快速變化的市場中，打造一個可持續的影響力品牌**。

我誠摯推薦所有企業主、業務主管，以及正在尋找突破的年輕人，仔細研讀《解鎖超級關係力》。

這本書不只是一本教科書，而是一份實用、真誠的指引，帶你看見人脈從接觸到信任、從關係到資產的完整進化。

翻開它，或許你會找到，屬於你的人脈時代新答案。

| 推薦序 |

# 影響力的核心，是真誠與系統

文／奇果兒童教育機構執行長、新竹縣托嬰協會創會理事長、中華孕嬰童教保聯合總會副總會長　張玉年

多年來，我在教育領域與社會組織深耕，看過無數人懷抱理想想要改變現狀，卻因為缺乏正確的方法而感到挫敗。

無論是學校、企業，還是婦女團體，「**人脈**」都是所有目標實現的基礎。

但我們很少有人真的系統性地學過：怎麼經營人脈？怎麼讓關係從認識、信任到合作，一步步持續進化？

當我翻閱《解鎖超級關係力》，內心充滿敬佩。

作者用多年的一線業務與教育訓練經驗，寫出一部兼具理論深度與實務操作的作品。

他不只談「交朋友」這種泛泛而談的觀念，而是清楚告訴你：**如何運用 LINE 這項人人都離不開的工具，把聯繫變成一種有節奏的專業行動**。

我特別欣賞書中提出的「定聯」四維度模型。

它把人脈經營拆解為節奏、頻率、深度與時機，讓我們可以針

對不同對象，選擇最適合的溝通策略。

這種方法對教育工作者、婦女會組織領導人同樣重要：因為每一份影響力，都來自你能否被長期記得、信賴和依靠。

更重要的是，本書並不只是停留在概念層面。

作者教你如何透過 LINE **多頁訊息**去設計一套「人脈流入模型」，讓你的價值與專業，透過系統化的觸點，持續傳遞出去，讓人主動走近你，而非被動等待。

在這個資訊快速流動的時代，誰擁有穩定的人脈與影響力，誰就能創造更大的改變。

我深信，這本書對任何希望成為推動者、連結者的人，都是一份極具啟發與價值的資源。

我誠摯推薦《解鎖超級關係力》給每一位教育者、企業經營者、社會工作者，以及正在尋找專業突破的你。

這是一本能改變觀念、也能改變結果的書，值得一讀再讀。

| 推薦序 |

# 用系統贏得信任，把人脈變成資產

◆

文／《成交在見客戶之前》《為什麼你的團隊不給力？》
人性銷售、領導專家 梁櫰之 Jackie

在銷售現場，我最常聽到業務員說：「我很用心經營關係，可是就是沒結果。」

原因往往不是努力不夠，而是**缺乏一套可以複製的系統**，將人脈從「感覺良好」轉化為「可預測的產值」。

《解鎖超級關係力》正是一部把這種「看不見的關係經營」具體化的工具書。

作者累積多年保險行銷與教學經驗，深知業務工作者的日常壓力：要開發名單、要維持聯繫、還要在客戶心中不被遺忘。

而在這一切挑戰背後，最需要的就是**一個清晰的流程，與一個能長期執行的策略**。

書中提出的「定聯」概念，與我過去強調的「讓客戶在見面之前先認識你」的理念不謀而合。

定聯不是一種偶發式的跟進，而是透過**節奏、深度、頻率與關鍵時機**，一步步在對方心中建立信任感。

而且作者特別把這套心法結合了 LINE 多頁訊息，創造出**專屬於新世代業務員的數位溝通模型**，這一點非常難得。

很多人說人脈就是人情，但我認為，真正持續有效的人脈，應該是一種**能隨著時間自我複利的資產**。

本書不僅告訴你「為什麼要定聯」，更用大量的實務案例和清楚的操作步驟，讓每一位讀者都能立刻開始打造自己的關係矩陣。

作為一個長期研究銷售心法的人，我深知「成交在見客戶之前」的重要性，而這本書無疑提供了**如何在見面之前，先贏得信任**的最具體答案。

我誠摯推薦每一位渴望在人脈經營上創造突破的業務員、經理人與創業家，仔細閱讀《解鎖超級關係力》。

這不只是一部書，更是一套實用的執行方案，將人脈變成長期可持續的資產。

翻開它，你會看到屬於下一個階段的業務競爭力。

| 推薦序 |

# 從陌生到信任，從人脈到資本

◆

文／《資本主義的罪惡咖啡館》《金融保險與節稅規劃》作者 黃世芳

在我多年研究金融保險與財富規劃的過程中，深刻體會到一個事實：**再好的產品或策略，沒有穩固的關係基礎，都無法長久被理解與接納。**

尤其在高度競爭的業務市場裡，與客戶之間的信任，不會憑空產生，而是需要時間、節奏與價值不斷累積。

《解鎖超級關係力》這本書，讓我耳目一新。

它不是一部空談人情義理的勵志書，而是一份結構清晰、邏輯縝密的**人脈經營操作手冊**，更是專業銷售工作者值得珍藏的知識資產。

作者累積多年保險行銷與教育訓練的經驗，深知一線業務的瓶頸：

陌生開發困難，客戶流失率高，聯絡往往淪為尷尬的問候。

而本書提出的「定聯」系統性觀念，正好補足了這個斷層。

特別值得一提的是，作者將定聯歸納為**四個維度：節奏、頻率、深度、關鍵時機**，讓你不再依賴感覺，而是用計畫與策略去安排每

一次互動。

　　同時，他結合 LINE 多頁訊息工具，建構一套可以**同時觸及多名客戶、精準分眾、持續創造價值**的流程。

　　在金融保險業，這種工具與心法的整合，對於提升業務效率與信任養成有著無可替代的意義。

　　我常說，資本市場的本質是信任，**而信任來自可預測的行動與穩定的陪伴**。

　　這本書用最貼近實務的方法，教會每一位讀者如何用日常的觸點，讓自己在客戶心中留下清晰的定位。

　　如果你正在尋找一套能讓人脈持續流入、關係持續深化的策略，我誠摯推薦《解鎖超級關係力》。

　　它將帶給你全新的眼界與方法，讓你的專業，終於有一條穩定的橋，通向更多人的信任與支持。

　　翻開它，讓人脈，成為你的長期資本。

| 推薦序 |

## 打開 LINE 就是成交力：
## 行銷人員必讀的人脈寶典！

文／大台南保險業務職業工會 詹鴻漳 理事長

說到「人脈經營」，很多人第一個想到的是要多參加聚會、發名片、加 LINE 好友對吧？但你有沒有發現，加了 LINE 之後呢？就沒然後了。

這本《解鎖超級關係力》完全打破我們對人脈書的想像，它不是叫你去交朋友、說漂亮話，而是從**實戰角度**出發，教我們**如何用 LINE 這個人人都在用的工具，建立一套可以持續成交的關係系統**！

身為保險從業人員，深知維繫客戶的挑戰。你是不是也常常傳完生日快樂、節慶問候，就卡關？這本書提出的「定聯 4.0」概念，直接命中要害！它不是讓你硬聊感情，而是設計出**系統性、節奏感、價值感**兼備的定聯模式，讓客戶對你有感、對你有信賴感，關係自然就從一次互動變成長期合作。

特別是作者把 LINE 多頁訊息的應用拆解得非常細緻，從訊息的排版、內容設計、互動動線到心理誘因，通通一一解析，不只是

寫給行銷人看的，更是我們這些靠「人脈吃飯」的業務工作者的實戰指南。

　　市面上人脈書籍多如牛毛，但有這種**觀點獨到、策略精準、工具實用**的，真的不多。讀完本書，你會發現原來不是人脈難經營，而是你沒有用對方法！

　　我真心推薦所有行銷人員、業務夥伴、業務主管，甚至是剛入行的新鮮人，一定要好好讀這本書。《解鎖超級關係力》不是一本書而已，它是一個**可複製、可擴張的人脈成交系統**。學起來，跟客戶聊 LINE 不只是聯絡感情，而是開啟無限可能的成交之門！

| 自序 |

## 關係的本質，
## 是你給出去多少

文／蔡國河《解鎖超級關係力》作者
　　神隊友數位科技 執行長
　　扶輪社前社長&社友15年

◆

我當過大型保險公司的處經理，多年來在教育培訓、行銷領域打滾，見過太多人才，也見過太多人，在關係經營上卡住，卡在「怎麼開始」、「怎麼持續「、「怎麼成交」。這本書，就是為了解開這個卡關的痛點而寫。

這些年我除了投入業務行銷的教學，也創立了 LINE 行銷軟體工具，並在扶輪社深耕超過 15 年，擔任社長期間，我不斷問自己：**人脈這件事，有沒有可能被系統化？被設計出一條可以複製的路？**

答案是：可以。

市面上講人脈的書很多，但大多停留在觀念層面、情感層面。而我想給你的，是**可以拿來用的**，是立刻就能見效的實戰策略。

在這本書裡，我介紹了如何用 LINE 這個人人每天打開數次的工具，打造「迴向式定聯」與「人脈矩陣串連」兩大人脈流入模型系統，讓人脈不只是名單，而是無止盡的引流活水，能流動、能互

助，甚至成為資源網絡與成交平台。

我始終相信：**人脈，不是你認識多少人，而是你能幫助多少人成功。**

而你幫助的人越多，回來的能量與連結，就越強大。

這不是一本教你如何做人情的書，而是一本教你**怎麼讓價值自己說話、讓關係自動成長的書。**

未來的業務競爭，不只是跨圈層人脈整合，更要能讓客戶「想主動靠近你」。

希望你翻開這本書後，也能和我一樣，看見不只是成交的技術，更是一種新時代的影響力人脈學。

關係的本質，是你給出去多少。現在，輪到你來啟動這場極致細節的人脈成功關係旅程了。

| 自序 |

# 打開那把隱形的鎖：
# 讓人脈開始流動

文／簡百應《解鎖超級關係力》共同作者
　　神隊友數位科技　行銷長
　　BNI　商會會員

---

　　從事業務培訓將近十餘年，走遍大大小小的企業現場，我常說一句話：**每個人身上都有一把隱形的鎖，鎖住了關係、也鎖住了機會。**

　　但業務員真正的價值，不只是推銷產品，而是要能夠**看見那把鎖、並且找到解鎖的方法。**

　　這本書，就是我在無數場實戰與培訓中，逐漸找出來的一套解鎖方法論。

　　我們稱它為～**定聯**。

　　定聯不是一句問候、也不是單向推播，而是一種「有節奏、有設計、有策略」的關係互動方式。

　　我將定聯拆解為四個不同的維度：**垂直水平經營、裂變、迴向與串聯**，每一個維度背後，都有其對應的方法與預期效果。

　　而當這套方法遇上目前最具穿透力的溝通工具～LINE，我們進

一步整合出一個市場前所未見的「多頁訊息定聯模型」。

**透過模組化、圖像化、多動線設計，讓業務員可以系統化地提升名單開發的效率，甚至建立一套人脈主動流入的成長引擎。**

這本書不只是技術手冊，更是我作為講師多年來的教學總結與心法集成。我非常榮幸能與我長年的事業夥伴蔡國河老師共同編寫此書，從教案架構、觀點提煉，到模型建構，每一章節都凝聚我們在第一線教學現場的洞察與創意。

除了希望這本書能帶給所有業務員實際幫助，更是我個人完成出書成為作者的重要里程碑。

願你在閱讀的過程中，也能找出那把屬於你的人脈之鑰，打開關係流動的大門，走上屬於你的高效業務之路。

## 前言
# 成就與眾不同的你

◆

　　瞬息萬變的行銷時代，人脈已然成為決定個人事業高度的重要關鍵。然而，許多人在初期建立人脈時，往往陷入無效社交的迷霧，或者難以突破開發的瓶頸。於是，我們開始思考——是否有方法，可以讓每個人都能夠輕鬆建立、拓展並有效經營自己的人脈網絡？

　　本書正是基於這樣的思維，解鎖「定聯」從四個不同象限的策略，幫助讀者掌握人脈經營的精髓，讓客戶的定聯品質大幅提升，進一步達到準客戶的「垂直（D → C → B → A）與水平經營（銷售流程）」的雙重效益。透過這套方法使用，不僅能夠將人脈精準擴展至更廣泛的領域，還能夠促成人脈的「輻射翻倍裂變」，實現準客戶資源開發的最大化運用。

　　除此之外，我們也提出「人脈矩陣串聯」的概念，讓人脈不再只是單點連接，而是形成一張互相支持、持續增長的網絡。透過這個策略，不僅能夠提升個人在市場上的競爭力，還能夠讓人脈彼此背後的「好友」、「群組」價值鏈持續自己滾動擴散曝光，讓績效更加穩固與長久。

　　為了讓這套模式更具可行性，我們將其與現代社群霸主工具——LINE 多頁訊息——結合，使得每個人都能夠快速的透過日常

生活使用的科技的力量,自動化維繫與拓展人脈,讓開發、服務、資訊傳遞不再是業務工作中的沉重負擔,而是變成一種高效能的日常運作。

這本書不僅僅是一本關於人脈經營的指南,更是實際認證落地執行的系統,透過各種實際範例,幫助讀者,行銷不必從零開始,打造屬於自己的「人脈流模型」。無論你是業務人士、正打算創業,還是希望在人生中建立更多有價值關係的個人,都可以透過這本書學習到全新的人脈開發思維模式,進而輕鬆獲得源源不絕的人脈資源。

讓我們一起開啟這場人脈經營的神奇革命,讓人脈不再是難以突破的瓶頸,而是成就您與眾不同、逆風翻盤再起飛的遠大未來力量!

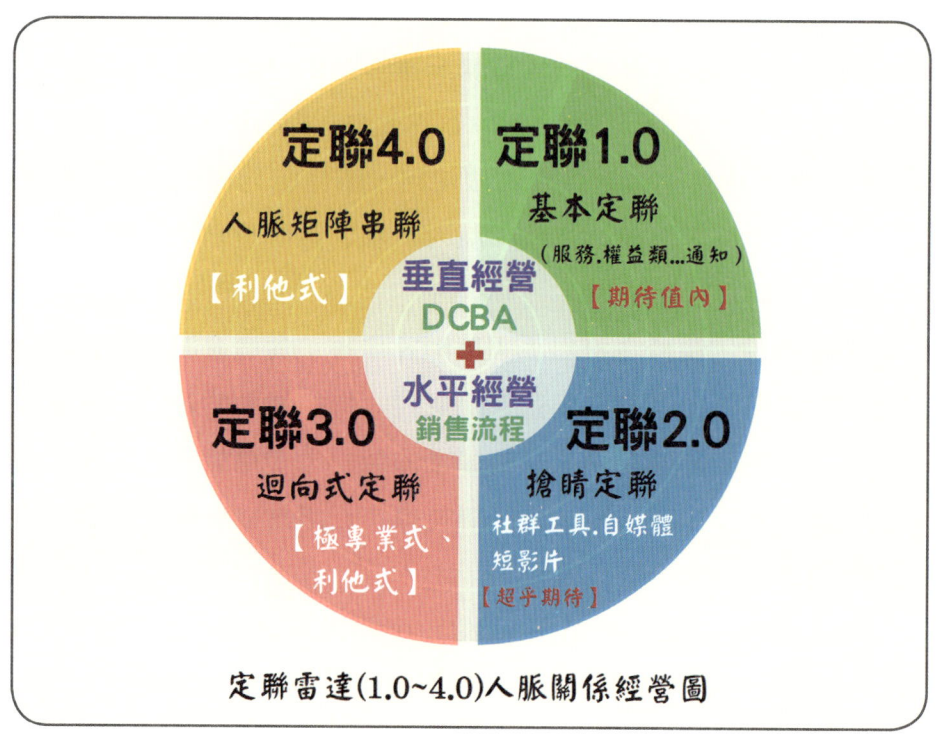

# 找對方法行銷不孤獨

行銷這件事,就像談戀愛,方法用對了,世界都在跟你對話;方法一旦錯了,只剩你一個人在對空氣說情話。別怕,找到對的方式,市場會溫柔地回應你。

- 1-1 陌生領域建立信任橋樑
- 1-2 從 0 到 1 建立人脈磁場吸引力
- 1-3 創造價值成為讓人想主動接近的對象
- 1-4 建立關係,人人皆可成為人脈經營的頂尖高手(透過精準定聯)
- 1-5 創造永久持續性的人脈交集價值(持續利他 / 人脈矩陣串聯)

# 1-1
# 陌生領域建立信任橋樑

在行銷領域中，將人脈從陌生到信任的過程可以視為一場「升溫」之旅。這個過程可以用客戶溫度計來描述，從冷漠到熱情，逐步拉近彼此距離。為了便於理解與實踐，我們將人脈分為四個等級：**D級（陌生階段）**、**C級（認識階段）**、**B級（信任階段）**、**A級（高度信任與合作階段）**。這四個等級的轉換，便是本書要深入探討的核心策略。

## D級→C級：破冰與認可

**D級人脈**代表陌生且毫無信任可言的潛在客戶。他們對你沒有認知或興趣，甚至可能對你的訊息產生抗拒。要將D級人脈轉化為**C級人脈（初步認識階段）**，最關鍵的是**破冰與認可**。

### 行銷策略

1. **內容行銷**是破冰的利器。精心製作有關對方的短影音或是電子名片，可以有效吸引目光。例如：一份免費且實用的「對方的產品廣告」，可立即吸睛，跨出互動的第一步。
2. **承諾轉分享量**則是加速破冰的策略。透過利他的行為，讓客戶立即感受到超過預期的效益。

### 實際案例

小美剛幫他的朋友小勝的公司設計了一組精美的電子名片。小勝覺得不錯,但小美知道,光做好還不夠,關鍵是讓更多人看到。

於是,小美不只是把名片丟給小勝,而是主動承諾:「這張名片,我會幫你分享給至少 50 個朋友和潛在客戶,確保更多人知道你的專業。」他開始透過 LINE 群組、甚至一對一私訊,把小勝推薦出去。

幾天後,小勝接到幾通陌生來電,都是小美幫忙推廣後帶來的機會。他驚訝地發現,一張電子名片的價值,不在於設計多好,而在於被多少人看到,產生多少實際效益!

## C 級→ B 級:建立信任與價值遞送

C 級人脈已經對你有初步認識,但還不足以產生購買或合作意圖。這個階段的重點是建立信任與價值遞送,讓對方感受到你的專業與誠意。

### 行銷策略

**1. 個人品牌塑造:**

透過定期分享專業見解和成功案例,讓潛在客戶認可你的專業能力。例如:行銷顧問可以在社群平台上發佈解決方案或成功案例分享,讓 C 級人脈覺得你值得信賴。

**2. 利他策略:**

提供免費的深度諮詢或工具(如線上諮詢、專題講座),讓客戶在無壓力的情況下深入了解你的專業,進而產生信任。

**實際案例：**

阿方是一名保險顧問，剛接觸一位對保險不太熟悉的客戶——大仁。大仁對現有的保單內容模糊不清，也擔心投資型保單的績效，但對於重新規劃又充滿猶豫。

阿方沒有急著推銷，而是先提供免費保單健檢，幫大仁整理所有保單，並透過保單彙整表，讓他一目了然掌握自己的保障狀況。接著，阿方還主動每月提供最新的基金績效報告，分析市場趨勢，幫助大仁更有信心地調整資產配置。

建立信任後（B級），大仁主動聯繫阿方，表示想進一步優化自己的保險規劃，甚至介紹了幾位朋友來諮詢。透過專業分享與無壓力服務，阿方不僅贏得了信任，還成功開拓了更多客戶！運用這些專業服務幫助客戶解決了實際問題，成功讓 C 級人脈逐步升級為 B 級人脈（信任階段）。

## B 級 → A 級：共識與深度合作

B 級人脈已經對你產生信任，但還未達到深度合作的程度。要讓 B 級人脈升級為 A 級人脈（高度信任與合作階段），關鍵在於建立共識與深度合作的模式。

**行銷策略：**

### 1. 定聯策略（Iterative Networking）：

定期關懷與跟進，透過精準的訊息內容傳遞，維持人脈溫度。例如：透過 LINE 的多頁訊息功能，定期分享有價值的資訊，產生「雙向迴向」的互動聯繫，進而延伸串聯各領域客戶人脈圈，持續擴大人脈網路。

**2. 價值共創：**

邀請多位 B 級人脈共同參與 LINE 多頁訊息內容，讓他們感覺自己是合作的一部分。例如：邀請提供產品優惠資訊於多頁訊息內容中，除了增添訊息精彩度外，又可以交叉曝光自己的產品或服務並共用所有人脈好友數量創造觸及流量。

**實際案例：**

小燕深知人脈經營不能靠一時熱情，而是長期的互動。她運用定聯策略（Iterative Networking），透過 LINE 的多頁訊息功能，每週分享實用資訊，例如：最新保單健檢提醒、醫療險理賠案例，甚至市場投資趨勢，讓好友們持續感受到她的價值。

為了提升互動，小燕採取價值共創策略，邀請幾位 B 級人脈，如房仲、理財顧問、美容師等，在她的 LINE 訊息中分享獨家優惠或專業內容。例如：房仲提供房貸優惠資訊、理財顧問分享投資小技巧，互相交叉曝光，讓所有人脈的影響力加乘。

## 行動指南：打造你的人脈溫度計

**1. 製作你的客戶溫度計表格：**

分為 D、C、B、A 四個等級，列出每個等級的特徵與需求。

**2. 設計升溫路徑：**

為每個等級制定一個具體行動，如：D 級送免費資源、C 級送專業建議、B 級邀請參與活動、A 級共創產品。

**3. 每週回顧與優化：**

每週分析哪些人脈有升溫,哪些停滯,並針對性調整策略。

透過系統化地管理人脈溫度,你將能有效地將陌生人脈逐步轉化為信任合作的夥伴,實現從 D 到 A 的完美躍升。

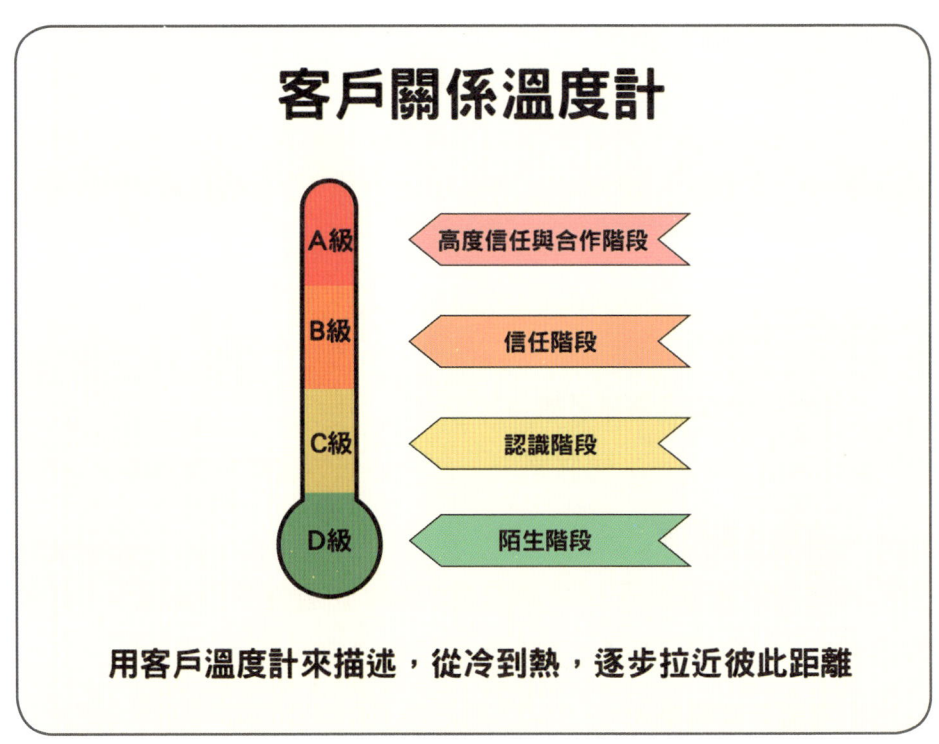

# *1-2*
# 從 0 到 1 建立人脈磁場吸引力

行銷與人脈經營的世界中,「利他」不僅是一種道德高尚的行為,更是一種強大的策略。當你真誠地幫助他人解決問題、創造價值時,你會不自覺地釋放出一種特有的「人脈磁場」。這種磁場的特徵是:讓人主動想接近你,想要與你建立長期的信任與合作關係。這個過程,就像是啟動了人脈宇宙中的一種「頻率共振」,讓彼此因價值共鳴而逐步靠近。

### 利他:人脈磁場的核心能量

在商業與人際關係中,有一條黃金法則:「給予超過預期的價值,回報自然會來。」這並非單純的交易思維,而是一種價值優先策略。當你主動分享資訊、經驗或資源,並不急於求回報時,對方會感受到你的誠意與專業,進而產生信任。

#### 行銷策略

**1. 價值先行,交易後置:**

透過免費課程、廣告、專業建議或是行銷工具包,讓潛在客戶先獲得實際價值。例如:設計一個「專屬對方的電子名片」,讓對方渴望曝光的訊息被看見,這種低門檻的價值遞送,是最快讓人脈磁場共振的方法。

**2. 無私分享策略：**

在社群平台上，定期分享你的專業見解與實用知識，不吝嗇於提供建議與解答。例如：行銷顧問可以開設每週一次的免費線上直播，回答潛在客戶的問題，這樣的持續利他行為，會讓你與客戶關係黏稠度增加，磁場吸引力越來越強。

**實際案例**

小勇深知價值先行，交易後置的重要性。為了與潛在客戶建立連結，他不急著推銷，而是先提供免費的「專屬電子名片」，幫助客戶更好地展示自己的專業資訊。當客戶收到這份貼心的設計，不僅感受到小勇的誠意，也樂於與他進一步交流。

此外，小勇還運用無私分享策略，在社群平台上定期發佈專業見解與實用知識。例如：每週開設一次免費直播、Podcast，解析市場趨勢，解答客戶的疑問。他的這種「先給予」的方式，讓更多人主動關注他，信任感自然建立。

**Gary Vaynerchuk 的利他行銷**

Gary Vaynerchuk，美國知名的行銷大師，早期透過 YouTube 頻道免費分享大量的行銷與創業建議。他的策略很簡單：給予、給予、再給予，最後才提出邀約。這種利他的行銷方式，不僅讓他迅速積累了數百萬的粉絲，也讓許多人主動找上門來尋求合作。

在他的書《Jab, Jab, Jab, Right Hook》中，Gary 將這種策略形象地比喻成拳擊：

- Jab（刺拳）代表免費價值與無私分享。
- Right Hook（重拳）才是銷售邀約。

透過大量的「刺拳」，Gary 的觀眾早已對他產生信任與感激，當他終於揮出「重拳」時，成交便顯得順理成章。

## 從 0 到 1：利他～啟動人脈共振

人脈磁場的本質，是一種吸引而非追逐的策略。從 0 到 1 的轉變過程中，利他是核心推動力。

### 1. 啟動階段（0 → 0.5）

這一階段的重點是讓對方感受到你的價值與真誠。比如，針對潛在客戶的問題，主動提供免費的行銷建議，甚至協助分析其競爭對手的優劣勢。這種無條件的付出，能讓對方放下戒心，進而主動與你互動。

### 2. 加速階段（0.5 → 1）

當對方開始主動回應或詢問更多細節時，就是你的人脈磁場開始發揮作用的時刻。這時應採取定聯策略（Iterative Networking），定期提供有價值的內容，並保持互動頻率。像是透過 LINE 的多頁訊息功能，每週分享行銷趨勢與解決方案，逐步加深對方的信任。

## 行動指南：打造利他的人脈磁場

### 1. 設計你的價值輸出清單：

寫下 5 個你能免費提供且對潛在客戶有幫助的價值，例如：行銷工具、LINE 多頁訊息、案例分析、免費諮詢等。

### 2. 建立「利他分享日」機制：

每週固定一天，在社群平台或 LINE 群組中無條件分享實用資訊，避免夾雜任何銷售訊息，讓對方純粹感受到價值。

**3. 了解對方商業模型需求：**

透過互動了解潛在客戶的痛點，並針對性地提供行動方案。例如：「你在行銷上遇到最大的挑戰是什麼？」根據回覆，針對性地提供免費建議，這種需求也稱為「極專業式迴向定聯」導向的行為，能迅速提升你的吸引力。

### 行業範例

- 加盟型企業董事長需要的是「歡迎加盟」的入口連結。
- 甜點師需要的是「我要訂購」的入口連結。
- 美甲師需要的是「時段預約」的入口連結。

### 利他是長期策略，而非短期計算

真正有效的利他，不是一次性的交易手段，而是一種長期的人脈經營策略。當你持續地釋放價值，並建立起穩定的利他共振，對方不僅會主動接近你，甚至會主動推薦你給更多人脈。這種「人脈磁場的裂變效應」，才是將人脈從 0 到 1，甚至 1 到無限的真正秘密。

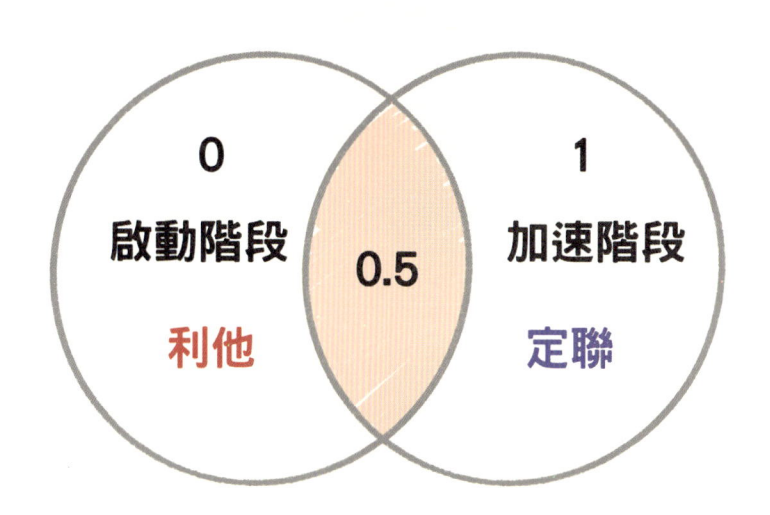

```
        0                    1
   啟動階段      0.5    加速階段
     利他                  定聯
```

**人脈磁場的本質，是一種吸引而非追逐的策略。**
從0到1的轉變過程中，利他是核心推動力。

　　在利他的路上，不要急於求回報。當你用心付出、真誠待人時，你的磁場會自然形成，吸引那些真正認可你價值的人主動靠近，從而開啟一場場充滿信任與合作的人脈旅程。

# *1-3*
# 創造價值成為讓人想主動接近的對象

（利他的工具是什麼？）

商業與人際網絡中，真正讓人主動接近你的關鍵，不僅是你個人的能力與魅力，而是你能創造的價值。而這種價值，不是憑空產生的，而是透過一系列利他的工具與方法來具體實現。擁有這些工具，不僅能讓你輕鬆地創造價值，還能讓你成為那個「無論走到哪裡，都有人主動接近」的對象。

## 利他價值的三個層次：從勞役、服務到工具

在利他的過程中，價值的創造方式大致可以分為三個層次：勞役付出、服務付出與工具付出。這三種方式雖然都能創造價值，但只有「工具付出」才能有效突破時間與能力的限制，實現價值的指數級增長。

### 1. 勞役付出（Physical Effort）：

也稱為「勞役利他式迴向定聯」這是最直接但也是最消耗個人精力的一種方式。比如，幫朋友搬家、協助排隊購物，這些行為確實能讓人感受到你的好意，但因為時間與體力有限，這種價值輸出的擴展性極低。

### 2. 服務付出（Service Effort）：

也稱為「極專業式迴向定聯」，這一層次開始涉及到專業知識

與技能的分享。例如：幫朋友提供專業法律諮詢，或是提供稅務理財建議，因客戶被服務或被解決問題而回來找你。服務付出的價值較高，但仍然受限於個人的專業與時間。

### 3. 工具付出（Tool-based Effort）：

也稱為「系統付出」，真正能讓人主動接近你的，是擁有可以「量產價值」的工具。例如：一套可以幫助他人免費做網路廣告分析的軟體，或是提供 LINE 多頁訊息的工具。這種方式不僅降低了時間與精力的成本，還能讓價值輸出擁有指數級的擴展性。

## 擁有工具，讓你成為「價值樞紐」

工具付出最大的優勢是，不依賴個人的能力與時間。當你擁有一個能讓人受益的工具時，你不必親自出馬，也能讓對方感受到價值，這種「價值的無限延伸性」是其他方式無法比擬的。

### 實際案例：用「LINE 多頁訊息」做利他價值輸出

LINE 多頁訊息為同一則訊息當中有多篇幅頁面展示的特性，可以同時大量曝光資訊，以達到協助客戶產品或服務的曝光需求。它的價值主張是：透過訊息打包（懶人包）的型態，以不擾民方式傳播訊息。

### 利用 LINE 多頁訊息利他的策略：

#### 1. 找到適合的範本素材：

坊間已有系統中含有大量參考素材與範本的軟體，如 Canva、神隊友數位等，皆是資源相當豐富的工具。

**2. 啟動利他計畫：**

有了素材來源與工具後，即可啟動與客戶的利他計畫，透過定聯持續協助設計內容與轉分享客戶想被看見的資訊。

## 如何打造屬於你的利他工具？

利他的工具不一定要很複雜，重點是要能解決對方的痛點或需求。以下是三個步驟，幫助你快速建構屬於有利客戶的內容：

**1. 需求分析：**

了解對方商業模型需求以及吸引人脈流入的關鍵理由。

**2. 選擇工具形態：**

根據需求，選擇適合的工具，避免選擇過於複雜或昂貴，目前推薦以「LINE」最多人使用，簡單實用才是王道。

**3. 要設計願意轉分享的動機：**

內容如果含有大眾關心話題或時事，甚至是對方極力想曝光的產品資訊，都能提高此訊息被轉分享的機率。例如：重大時事、政府新措施、優惠券、體驗券、諮詢券、折扣碼等。

## 行動指南：你的利他工具計劃

**1. 設計簡單的行銷頁面與 CTA（Call to Action）：**

透過 LINE 的多頁訊息功能或社群廣告，設計簡單的行銷頁面，讓潛在客戶能輕鬆簡易讓客戶產生行動並轉分享。

**2. 每月回顧並優化工具價值：**

分析工具使用率與訊息被轉分享數，調整功能或增加新內容，讓工具的價值持續成長。

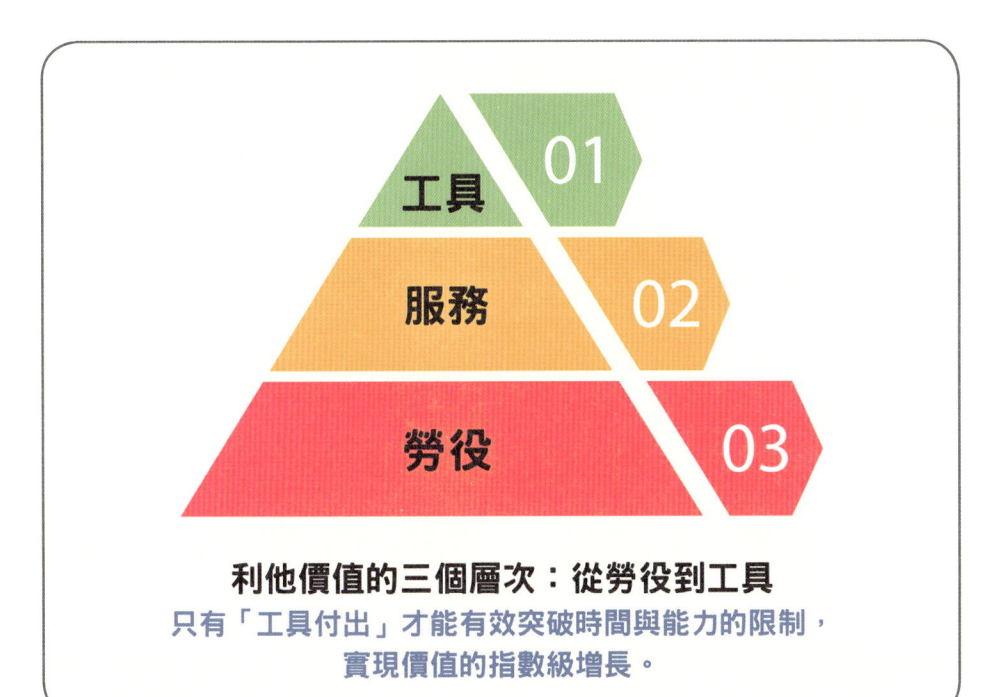

**利他價值的三個層次：從勞役到工具**

01 工具
02 服務
03 勞役

只有「工具付出」才能有效突破時間與能力的限制，實現價值的指數級增長。

### 工具是價值輸出的倍增器

利他，並不等於無償的奉獻，而是用低成本換取高價值的策略。當你擁有一套能創造利他價值的工具時，你不僅能輕鬆地幫助他人，還能持續吸引更多的人脈主動靠近。工具是價值的倍增器，擁有越強大的工具，你的磁場就越強，讓人不由自主地想要靠近你，甚至主動為你傳播。

# *1-4*
# 建立關係，人人皆可成為人脈經營的頂尖高手

（透過精準定聯）

　　許多人認為，人脈經營是屬於那些天生擅長社交、口才了得的 E 型人格（外向型性格）專利，但實際上，人脈經營是一門可以被系統化學習與實踐的技術。只要找對工具，並遵循精準的「定聯頻率」策略，即使你是 I 型人格（內向型性格）不擅交際的人，也能一步步地將 D 級客戶（陌生客戶）轉化為 A 級客戶（核心客戶），最終成為人脈經營的頂尖高手。

## 什麼是精準定聯？

　　「定聯」指的是「在一定的期間內觸及完畢所有的客戶一次以上」。根據客戶的等級與需求，制定精準且有節奏的互動策略。不同於傳統的大範圍撒網式經營，精準定聯強調的是針對性與升溫式的升級互動。其核心理念是：每一次互動，都是在為下一次更深入的信任打基礎。

### 客戶等級與定聯策略：

**D 級客戶（陌生客戶）：**

目標：引起興趣與初步認識

策略：有價值的免費內容與工具，例如：免費試用、LINE 電

子名片或行銷小工具。這類資源讓對方覺得「無負擔、無風險」，願意主動接觸。

### C 級客戶（潛在客戶）：

目標：建立好感與初步信任

策略：有節奏的資訊推送，如 LINE 多頁訊息功能，每週發送一次解決痛點的訊息或案例分享，讓對方逐漸感受到價值與專業。

### B 級客戶（高潛力客戶）：

目標：強化信任與深度互動

策略：定期的線上或線下活動邀約，如小型研討會、客製化提案或一對一諮詢，讓對方感受到專屬待遇。

### A 級客戶（核心客戶）：

目標：關係昇華與長期合作

策略：專屬福利與長期計劃，例如：VIP 專屬服務、年度回饋或合作分潤模式，讓對方願意長期與你合作，甚至主動推薦人脈。

## 行銷策略：三個讓你輕鬆定聯的工具

**1.LINE 多頁訊息：**

功能：定期且有層次的互動推送

透過多頁訊息功能，可以針對不同等級的客戶設計專屬內容，例如：新手指南、進階技術分享、優惠提醒等，讓定聯更加精準。

**2.Canva：**

Canva 是一款操作簡單、資源豐富的線上設計工具，適合零基礎用戶與專業人士。它提供大量免費模板、圖片、字型與 AI 智

能工具，讓使用者快速製作社群貼文、簡報、海報等視覺內容。Canva 具備團隊協作、雲端儲存、一鍵匯出多種格式的功能，大幅提升工作效率。此外，Canva Pro 還提供去背、品牌工具、高級素材等進階功能，適用於行銷、商業、教育等多種用途，讓設計變得簡單且高效。

### 3. 內容行銷工具（ChatGPT）：

功能：由 AI 自動生成文案

ChatGPT 自動生成文案的優點在於高效、靈活且創意無限。它能快速產出行銷貼文、產品介紹、廣告標語等，節省時間與人力成本。同時，它具備多語言處理能力，可適應不同市場需求。此外，ChatGPT 能根據語氣、風格與受眾需求調整內容，確保文案吸引目標客群。無論是品牌行銷、電商文案、部落格文章，都能透過 AI 高效產出，大幅提升工作效率與創意發揮空間。

## 三個讓你輕鬆定聯的工具

- Line 多頁訊息
- 設計平台 Canva
- AI工具 ChatGpt

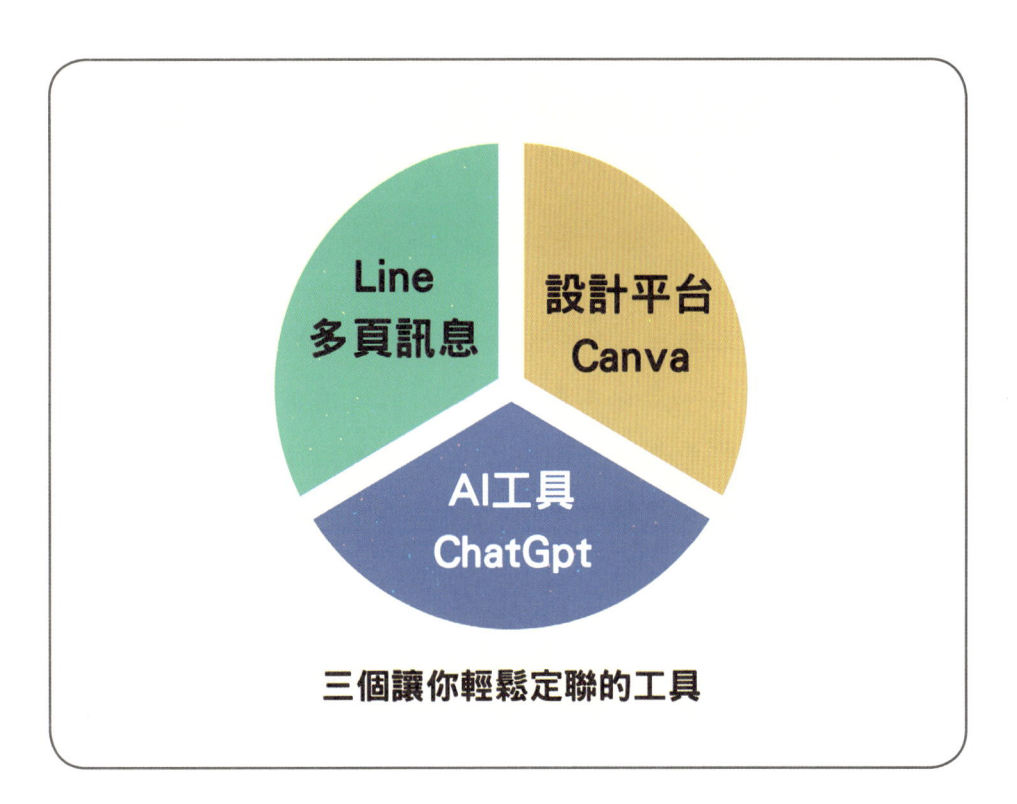

**人脈經營的頂尖高手，都是用工具與策略在贏！**

成功的人脈經營，不是因為天生擅長社交，而是因為選對了工具與策略。透過精準定聯，你可以系統化地將 D 級客戶一步步升級為 A 級客戶，最終成為那個人脈廣闊、無論走到哪裡都有人主動接近的頂尖高手。

只要開始用對的工具，踏出第一步，人人都可以成為人脈經營的頂尖高手！

# *1-5*
# 創造永久持續性的人脈交集價值
（持續利他 / 人脈矩陣串聯）

商業與人脈經營中，客戶主動來定聯你~難，非常難，而「利他」絕對是上上策。當你不斷地為別人創造價值，時間久了，人們自然會感受到你的真誠，並以正面的頻率回饋你。這種「迴向效應」不僅能幫助你維繫現有的人脈，還會吸引更多優質人脈的主動靠近。

要做到這一點，關鍵在於打造「人脈矩陣」，並以持續利他為核心，讓人脈彼此串聯，形成交織不斷的網絡效應。本章節將深入探討如何透過持續利他與人脈矩陣串聯，創造永久而持續性的人脈交集價值。

## 迴向效應的兩個關鍵要素：

**1. 持續性**：短期的利他，容易被認為是商業策略；而長期持續性的利他，才能讓人感受到你的真心。

**2. 實用性**：利他內容必須是真正能解決對方問題的，例如：免費的行銷工具、實用的建議或資源分享。

案例：透過 LINE 多頁訊息打造迴向效應

1. 地產經紀人小孫，長期透過 LINE 多頁訊息分享房地產趨勢報告、裝潢秘訣與貸款攻略，內容不帶銷售意味，單純為客戶提供實用資訊，提高對房地產有興趣的客戶迴向詢問。（專業式迴向）
2. 小孫幫助其客戶冷氣業經銷商小金製作 LINE 電子名片，其中放入關鍵需求按鈕、每季最新型錄與施工前後案場照片，小金因要即時保持最新內容而需定期迴向定聯小孫。（利他式迴向）

## 人脈矩陣串聯：讓交集價值無限放大

人脈矩陣（Network Matrix）的概念，來自於數據科學中的節點與網格理論。簡單來說，就是把人脈視為一個個節點，透過利他的持續互動，讓這些節點彼此串聯，形成更大的人脈網絡。

### 人脈矩陣的三大構成要素：

#### 1. 交集點（Intersection Points）：共通話題或利益點

透過共享的價值，例如：利用行銷軟體、共同的興趣等，讓不同領域的人脈有機會互相認識。

#### 2. 串聯線（Connection LINEs）：有節奏的互動策略

利用 LINE 的多頁訊息，定期分享有價值的資訊，運用內容中的利益點（如業者提供的優惠），讓他們願意推薦轉分享給他人。

#### 3. 矩陣效應（Matrix Effect）：無限延伸的人脈網絡

當每一個節點都開始利他，並主動介紹人脈，這張網絡就會像滾雪球一樣，越滾越大，交集價值也會無限放大。

## 案例分析：如何用人脈矩陣讓人主動找上門

**案例**：免費廣告曝光的矩陣效應

**背景**：阿豪是一名保險業顧問，他使用了一款可以免費幫朋友做廣告曝光的 LINE 多頁訊息工具。因為阿豪在經營社團，提供社團老闆免費曝光其公司產品資訊，看準各位老闆願意主動轉分享訊息給「好友」與「群組」，其背後串連的人數無比驚人，隨著時間推移，這款工具因其實用性與無償分享，在朋友圈中瘋傳，不但曝光了自己，更是串聯出更多潛在人脈。

**策略步驟：**

### 1. 持續利他，製造第一層矩陣（自己原有人脈）

「製造第一層矩陣」指的是先從自身人脈圈（如認識的老闆朋友）開始，免費為他們宣傳，將他們的資訊放入 LINE 多頁訊息中。當這些廣告內容被更多人看到，產生信任與互動，其他潛在朋友也會主動詢問，進而擴展矩陣，形成更大的曝光效應。這種策略透過利他先行，建立人脈串聯，最終形成滾動式增長的合作網絡，讓名單不斷流入。

### 2. 矩陣效應：曝光者變推廣者

當第一層矩陣（原有人脈）開始運作後，關鍵的下一步是請這些老闆朋友主動推薦更多人加入這個免費曝光的行列。這樣，每個新加入的人都能受益，而你的人脈圈也會因這些曝光者與推動者背後的人脈為我們所用，而不斷擴展。

透過這種推薦裂變機制，你不僅能持續累積更多優質人脈，還能打造一個自動流動的「人脈生態圈」。當矩陣擴大後，每個人

都能享受到更大的曝光效益,形成一個高效且持續增長的人脈流模型,進而創造更多合作機會與資源共享。

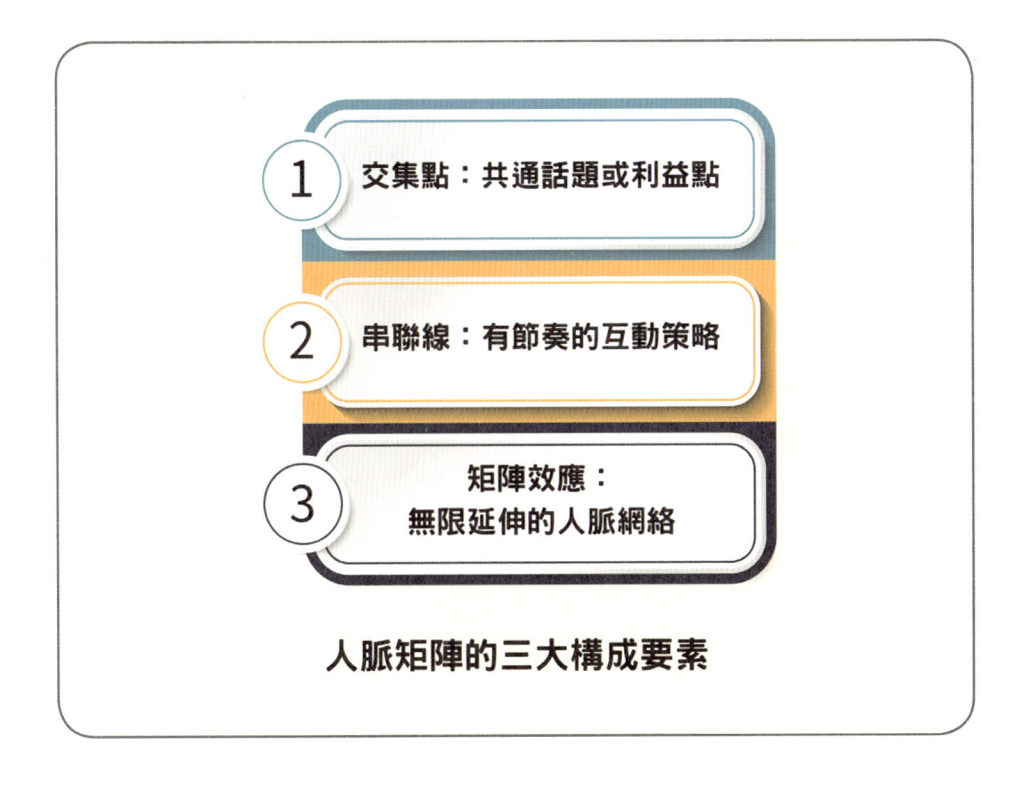

1. 交集點:共通話題或利益點
2. 串聯線:有節奏的互動策略
3. 矩陣效應:無限延伸的人脈網絡

人脈矩陣的三大構成要素

### 持續利他,無限串聯,讓人脈永續增長

透過「人脈矩陣串聯」,你不僅能擁有穩定的核心客戶,還能不斷地裂變擴展你的影響力,讓你的人脈網絡像滾雪球一樣持續成長。這種交織不斷的網絡,正是解鎖人脈中的超級關係力,不僅讓你在人脈經營中立於不敗之地,還能實現真正的商業價值。

# chapter 2

# 人脈就是錢脈
## ──雷達全開搜尋人脈

人脈經營，不是以認識的人多取勝，而是在能力範圍內你能幫助多少人，能讓多少人牢牢記住你、信任你。人心暖了，機會自然來了，金錢只是過程的結晶，不是起點。

- 2-1 關係幾何學放大影響力
- 2-2 利用 LINE 多頁訊息進行點對多的關係觸及策略
- 2-3 多頁訊息的迴向應用：讓資訊內容成為橋樑
- 2-4 點擊信任開關：利用「協作多頁訊息」瞬間破冰
- 2-5 如何挖掘深藏不露的客戶
- 2-6 打造社群「人脈磁吸場」：讓人無法忽略你

# 2-1
# 關係幾何學放大影響力

在商業世界中,擴張能力範圍的人脈就是創造錢脈。但這並非簡單的一加一人數堆積,而是需要打造一張既廣且深的影響力網絡。這一章節,我們將透過「關係幾何學(Relationship Geometry)」的思維,探討如何用幾何圖形的擴散與串聯方式,放大個人的影響力,讓更多潛在關係點進入你的網絡。

首先,讓我們從三種幾何思考心法入手,幫助你擴大潛在人脈並針對不同族群進行精準影響。

### 幾何心法一:圓形輻射──中心化影響力擴散

#### 概念解析

圓形輻射法的核心在於你是中心節點(Core Node),而你的影響力向外不斷擴散。每一個認識你的人,都是一條輻射線(Radiation LINE),而這條線上每一個點都是潛在人脈。這種方法適合用於個人品牌的建構與影響力的擴散。

#### 實踐策略

**1. 內容產出:**

定期在社群平台分享專業知識、成功案例與見解,讓你成為話

題的中心。

**2. 線上互動：**

透過 LINE 的多頁訊息功能，定期推送有價值的資訊，讓每個收到訊息的人都有動力轉發，進而擴散至第二層、第三層……人脈。

### 案例分享

保險業務員小芬不是靠著狂發產品訊息或猛打廣告崛起的。相反地，她運用了圓形輻射法，讓影響力像漣漪般擴散，成功建立了個人品牌。

她從「價值分享」開始，每週固定發佈保險小百科、理財規劃技巧、基金定期績效報告、健康養生資訊，甚至免費提供保險試算工具、LINE 電子名片，讓客戶覺得實用、有收穫。她的內容不只是「推銷」，而是幫助大家更方便地接收資訊，讓客戶更有意願轉介紹推薦朋友給小芬認識，小芬因此獲得無止盡的轉介紹名單。

## 幾何心法二：金字塔結構──升級分層影響力

### 概念解析

金字塔結構強調層級性與升級性。每一層都代表不同影響力等級的人脈，比如 A 級是核心客戶，B 級是重點潛客，C 級是一般聯繫者，D 級是陌生人。你需要針對不同層級，採取不同的影響策略，讓 D 級客戶逐步升級到 A 級客戶。

### 實踐策略

**1. 分層訊息策略：**

針對不同層級，設計不同的 LINE 多頁訊息，例如：對 A 級提供客製化或 VIP 專業資訊，對 B 級提供建議書或報價單，對 C 級提

供免費試用體驗或優惠券，對 D 級提供生活資訊、好康分享與專業人設的曝光。

**2. 升級引導機制：**

設計一套引導流程，讓 D 級人脈逐步升級，例如：透過權益類互動、一般服務類互動、專業服務類互動、朋友級的互動等方式來增加接觸頻率。

### 案例分享

小英深知客戶信任無法一蹴而就，因此運用金字塔結構，一步步將 D 級潛在客戶轉化為 A 級忠實客戶。

起初，透過 LINE 分享免費的保險攻略，如「如何挑選適合自己的保單」、「意外險 VS 醫療險怎麼選？」等，吸引對保險有興趣但尚未決定的潛在客戶。

接著，提供免費的保單健診服務，幫助 C 級客戶理解自身保障缺口，並提供免費諮詢。進而舉辦各種最新保險趨勢、保戶權益服務與基金理財說明講座。透過這樣的價值累積，許多 C 級客戶逐漸升級為 B 級，甚至最終成為 A 級長期客戶，不僅自己投保，還主動推薦親友，讓小英的業績與影響力持續擴大。

## 關係幾何心法～金字塔結構

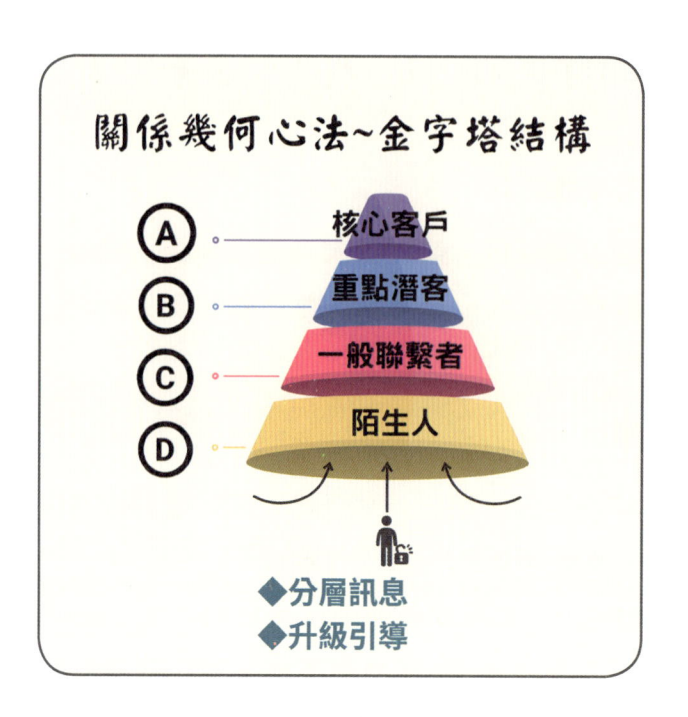

- A 核心客戶
- B 重點潛客
- C 一般聯繫者
- D 陌生人

◆ 分層訊息
◆ 升級引導

### 幾何心法三：蜂巢網絡──交錯式影響力滲透

#### 概念解析

蜂巢網絡的特點在於節點（人）與節點（人）之間的高度連結性，不像圓形輻射那樣只有一個核心節點（人），而是多個節點（人）互相交錯。這種網絡的好處是當某一條線被切斷時，整體影響力仍不會受到重大影響。

#### 實踐策略

**1. 交叉引薦策略：**

透過實體活動邀請、線上交流等方式，讓人脈彼此認識，形成交錯的關係網絡。

**2. 多頻道互動：**

不僅限於 LINE 或臉書，還要覆蓋到 Tiktok、YouTube、Instagram、Threads……等多種渠道。

### 案例分享

阿宏不想單打獨鬥，而是運用蜂巢網絡，打造一個相互串聯、彼此助益的人脈矩陣。

他參加了一個「商務交流社團」，提供免費的 LINE 多頁訊息，讓認識的老闆朋友免費曝光自己的店家與服務。這些老闆不但自身受益，還主動邀請更多企業主加入，形成一個緊密交錯的關係網。

透過這個商務社團，阿宏不僅獲得了大量轉介紹，還讓這些老闆之間互相合作，讓人脈價值最大化。即使某條關係鏈暫時中斷，整個商業網絡仍能穩定運作，影響力不斷擴大。最終，阿宏不只是保險業務員，而是這個商務生態圈的核心人物，讓信任與合作源源不絕地延續。

### 關係幾何心法～蜂巢網絡

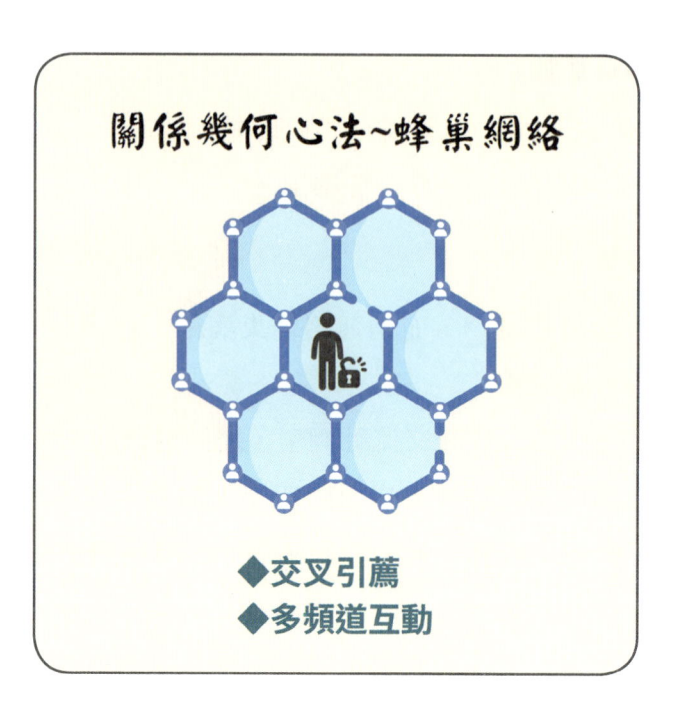

◆ 交叉引薦
◆ 多頻道互動

## 社會中常見的 10 個族群與影響策略

### 1. 家庭主婦

影響事項：子女教育、商品優惠券、烹飪教學。

策略：提供家事秘訣、教育資源包、專屬折扣碼。

### 2. 年輕上班族

影響事項：職場技能、理財技巧、升遷攻略。

策略：分享職場案例、投資心法、專業課程試聽。

### 3. 創業者

影響事項：資金、人脈、行銷策略。

策略：提供免費商業計劃書模板、投資人脈介紹。

### 4. 自由職業者

影響事項：接案機會、技能提升。

策略：分享接案平台推薦、專業技能教學。

### 5. 學生族群

影響事項：考試資源、未來職業規劃。

策略：提供免費考試筆記、職場實習推薦。

### 6. 退休人士

影響事項：養生、理財、旅遊。

策略：分享健康報告、投資避險策略、旅遊優惠。

### 7. 中小企業主

影響事項：銷售、成本控管、人才招募。

策略：提供行銷工具試用、HR 管理建議。

### 8. 網紅及自媒體人

影響事項：流量變現、粉絲經營。

策略：分享流量分析工具、贊助合作技巧。

### 9. 科技愛好者

影響事項：新技術、數碼產品。

策略：提供新品試用、技術測評報告。

### 10. 社會公益者

影響事項：資源捐贈、活動宣傳。

策略：分享公益平台合作、免費宣傳資源。

**在人脈經營這件事上，絕不能只靠運氣，而是要有方法，有結構，有幾何學的思維**

圓形輻射，讓你的影響力層層擴展；金字塔結構，幫助你精準篩選與轉化；蜂巢網絡，打造一個互相交織、穩固而強韌的關係圈。這三大幾何心法，讓你在人脈經營上不再「碰運氣」，而是「造機會」

真正專業的人，不只人脈廣，影響力更是大。用這樣的思維，每一條關係線都能發揮價值，每一次互動都能成為擴散影響的契機。這才是高效人脈的關鍵！

# 2-2
# 利用 LINE 多頁訊息
# 進行點對多的關係觸及策略

LINE 多頁訊息的功能性，說白了，就是給人一個「不只看一眼，還想多滑幾頁」的理由。

發出一段訊息不能只是當廣告，而是在跟對方對話的態度。一頁連結一頁都該有個「鉤子」，讓人願意點進去、滑下去，像翻開一本有趣的書，而不是隨手刪掉的廣告通知。

點對多的觸及，不是「一次發給很多人」這麼簡單，而是「對方都覺得這是專屬發給他的」。做到這一點，你的訊息才不會變成對方手機裡的背景噪音。

在數位行銷的領域中，訊息的傳遞效率往往決定了一個行銷策略的成敗。而 LINE 特殊訊息（圖文訊息、進階影片訊息、多頁訊息）的出現，正是改變遊戲規則的利器。它不僅突破了傳統訊息格式的侷限，更能有效利用人們的「左滑經濟」行為模式，達到點對多的裂變傳播效果。

本章節，我們將深入探討 LINE 各種特殊訊息的特性、優勢、策略，以及其如何憑藉「左滑經濟」這一手機行為學現象，達到大規模裂變的效果。

## 什麼是 LINE 特殊訊息？——格式與特性

LINE 特殊訊息是一種可以在單一訊息框中顯示圖文、影片、

多頁面的功能，通常由單張滿版、數張橫向滑動的卡片組成。每張卡片可以包含圖片、文字、按鈕、超連結等豐富的元素，讓訊息的呈現方式更加生動，特殊訊息包含以下三種類型：

**LINE 圖文訊息：**

- 於聊天室顯示大尺寸圖片，引導好友前往連結頁面
- 圖文訊息是可在圖片上設定頁面連結並傳送群發訊息的功能。
- 使用含有文字的圖片，不僅可一眼掌握資訊，且能更清楚簡單地傳達商品及服務的魅力。
- 同時，與一般圖片不同，由於圖文訊息的圖片可大幅顯示於聊天室的整個畫面，更容易吸引好友的目光，並進而提升連結頁面的點閱率。

**LINE 進階影片訊息：**

- 您可以使用影片傳送視覺效果更豐富的訊息進行宣傳。
- 使用影片進行更吸睛的宣傳吧
- 進階影片訊息是能在聊天室中自動播放影片的功能。
- 透過影片來傳達文字及圖片難以表現的商品魅力吧。
- 另外，影片的最後可顯示網址，適合用來引導用戶執行後續操作。

**• LINE 多頁訊息：**

- 可左右滑動的多頁型訊息
- 多頁訊息是可將多項要宣傳的內容集結為 1 則訊息傳送給用戶的功能。

- 每則訊息最多可建立 9 頁，適合用來介紹商品、菜單或店員等資訊。
- 最後 1 頁建議設為網址或優惠券等內容，以引導感興趣的用戶執行後續操作。

（以上摘至 LINE OA 功能說明）

單一訊息框中顯示圖文、影片、多頁面的功能，通常由單張滿版、數張橫向滑動的卡片組成。每張卡片可以包含圖片、文字、按鈕、超連結等豐富的元素。

**LINE圖文訊息**

聊天室顯示大尺寸圖片，引導好友前往連結頁面能簡單傳達商品及服務的魅力。更容易吸引好友的目光，提升連結頁面的點閱率。

**LINE進階影片訊息**

進階影片訊息是能在聊天室中自動播放影片的功能。

影片的最後可顯示網址，適合用來引導用戶執行後續操作。

**LINE多頁訊息**

可左右滑動的多頁型訊息。

適合用來介紹商品、菜單或店員等資訊。

## 什麼是LINE特殊訊息~格式與特性

### 洞悉 LINE 特殊訊息的本質

**1. 視覺衝擊力強：**每一頁都可以設計成不同的主題或焦點，圖片和文字相互輔助，吸引眼球。

**2. 信息密度高：**相比於單一頁面的長篇訊息，多頁訊息能分散資訊，讓讀者更容易消化。

**3. 互動性佳：**橫向滑動的方式符合用戶在手機上的操作習慣，提升互動意願。

**4. 精準導流：**每一頁的按鈕可對應不同的行動呼籲（CTA，Call to Action）讓用戶可以根據興趣直接點擊進入對應的頁面。

### LINE 特殊訊息的優勢：為什麼能提高轉分享率？

**1. 符合用戶習慣的「左滑經濟」**。所謂的「左滑經濟」是指用戶習慣透過滑動的方式來瀏覽內容，尤其是橫向滑動，能讓人產生一種「逐步解鎖資訊」的感覺，這種行為可以有效地增加閱讀時間與沉浸感。

當訊息採用上下滑動時，容易被用戶一滑而過，導致訊息被忽略；但當訊息設計為橫向滑動時，則會刺激用戶的好奇心與探索欲望，使其更願意持續閱讀。

**2. 分段閱讀降低心理壓力**，傳統長篇訊息容易讓用戶因「信息過載」而直接略過。特殊訊息的橫向滑動機制，將訊息拆解成幾個短小的部分，讓用戶可以逐頁閱讀，減少心理負擔。

**3. 分享誘因與裂變效果**，每一頁的訊息如果都設計成有趣、有用，會使好友更有動機轉發給其他人。例如：第一頁是好康優惠，

第二頁是實用資訊，第三頁是有趣的內容，這種「多元誘因」策略能有效提高轉分享率。

**4. 精準化與個性化內容**，多頁訊息可以針對不同族群設計不同頁面，例如：針對創業者、上班族、社團、特定族群、家庭主婦……設計不同的文案與內容，讓每個人都能找到與自己相關的資訊，進而提高互動率與轉分享率。

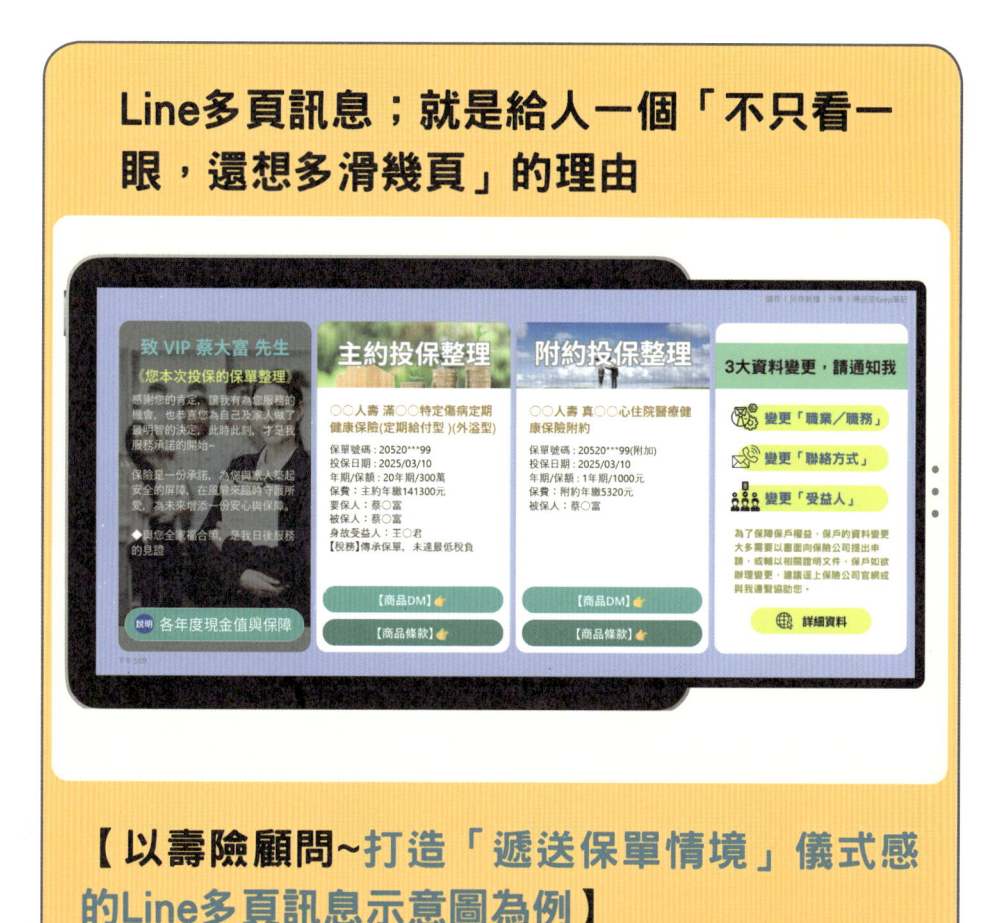

**Line多頁訊息；就是給人一個「不只看一眼，還想多滑幾頁」的理由**

**【以壽險顧問~打造「遞送保單情境」儀式感的Line多頁訊息示意圖為例】**

## LINE 多頁訊息的「點對多」設計策略：如何實現大規模裂變？

### 1. 單點導流，多點觸及

- 單點導流：運用有吸睛吸引力的封面（例如：限時優惠、免費下載）作為進入點，吸引點擊左滑。
- 多點展開：左滑後，每一頁的內容都指向不同的行動目標，例如：第一頁引導訂閱、第二頁引導購買、第三頁引導加入社群，達到「一次閱讀，多次導流」的效果。

### 2. 分層策略——針對不同客群設計不同頁面

- D 級（陌生人）：設計讓人好奇的封面與簡單有趣的介紹，降低閱讀門檻。
- C 級（潛在客戶）：提供試用、免費資源，引導進一步互動。
- B 級（準客戶）：強調信任背書與客戶見證，促使下單。
- A 級（忠誠客戶）：提供 VIP 客戶專屬福利與資訊，強化忠誠度。

### 3. 利用社群與裂變機制擴散

- 分享誘因設計：每一頁都可以設計分享按鈕，並搭配「分享即可獲得優惠」的活動。
- 數據追蹤與分析：利用 LINE 的追蹤（轉分享數量）點擊，針對受歡迎的訊息強化行銷。

## 左滑經濟：重新定義用戶的閱讀習慣

### 1. 心理學原理：「探索慾」與「逐步解鎖」感

橫向滑動有一種「逐步解鎖」的心理暗示，當用戶滑動時，會

產生「還有什麼值得看的」的探索慾，這種情況下，用戶的停留時間通常比垂直滑動更長。

**2. 視覺疲勞與內容節奏**

上下滑動容易導致「視覺疲勞」，但橫向滑動因為每一頁內容不多且有圖片穿插，節奏感更好，讓用戶不容易疲憊。

**3. 增強「控制感」與「參與感」**

橫向滑動讓用戶感覺自己在主動探索訊息，而非被動接受，這種「控制感」與「參與感」大大提升了用戶的互動意願。

### 實際案例：運用多頁訊息達成爆炸性裂變

**案例 1：某培訓機構的免費課程推廣**

策略：設計了 4 頁訊息，第一頁介紹課程亮點，第二頁提供免費試聽，第三頁為學員見證，第四頁則是分享送折扣。

**案例 2：某甜點師的免費烘焙體驗推廣**

策略：運用 LINE4 頁訊息，吸引甜點愛好者免費體驗，提升品牌影響力與轉化率。

- 第一頁：秀出精緻甜點照，介紹「免失敗烘焙法」，讓新手也能輕鬆做出專業級甜點。
- 第二頁：提供免費線上試做影片，示範基礎技巧，讓人邊看邊學，建立初步信任。
- 第三頁：分享學員的成功作品與心得，讓猶豫的人看到「他們做得到，我應該也可以！」
- 第四頁：推出「好友分享享 9 折」優惠，鼓勵學員邀請朋

友一起參與，讓影響力自然擴散。

這不只是推廣，更是讓甜點愛好者真正「先體驗，再愛上」！

**不只是推廣，更是讓甜點愛好者真正「先體驗，再愛上」示意圖。**

| 第一頁 | 第二頁 | 第三頁 | 推薦頁 |
|---|---|---|---|
| 免失敗烘焙法 | 免費線上試作影片 | 學員的作品展示 | 按我轉分享 |
|  | 基礎示範 | 學員心得 | 分享優惠 10% OFF |

**實際案例：運用多頁訊息達成爆炸性裂變**

某甜點師的免費烘焙體驗推廣~
吸引甜點愛好者免費體驗，提升品牌影響力與轉化率

### 多頁訊息的策略核心──擴大與精準並重

　　LINE 的多頁訊息不僅僅是一種格式上的創新，更是一種適合現代行銷的「點對多策略」。利用「左滑經濟」與分層設計，不但能有效擴大覆蓋範圍，還能針對不同層級的客戶進行精準影響與導流。

# 2-3
## 多頁訊息的迴向應用：
## 讓資訊內容成為橋樑

你發出去的訊息，就像一座橋，連接你和對方的世界。但問題是，橋要夠穩，對方才會願意踏上來。

多頁訊息的設計，關鍵不是你想講什麼，而是對方願不願意「一頁一頁地往前走」。所以，第一頁要勾起好奇，讓人想知道後續；第二頁給價值，讓人覺得「這對我有用」；第三頁放信任感，讓人相信「這是真的！」；最後一頁，給出口──是一個選擇，而不是一個強迫。

這樣的「迴向」設計，讓資訊不只是單向輸出，而是變成橋樑，帶著人，一步步走向你。

在人脈經營中，最理想的狀態不是單向的訊息傳遞，而是雙向且持續的互動。而LINE的多頁訊息，因其靈活的設計與高互動性，不僅能達到廣泛的傳播效果，更能成為人脈之間的橋樑，客戶更願意與你互動，達成「迴向效應」。

本章節，我們將探討如何利用多頁訊息，製作對方感興趣或對其有幫助的內容（如名片、產品目錄、營業項目介紹等），以達成雙向定聯的效果。並從行為學與心理學角度，解析為何這樣的策略能有效促進訊息的迴向與互動。

## Line多頁訊息的迴向設計

**策略：製作專屬多頁訊息給對方**

你發出去的訊息就像一座橋

⌄

**第1頁　勾起好奇**
讓人想知道後續

**第2頁　給予價值**
讓人覺得「這對我有用」

**第3頁　增強信任**
讓人相信「這是真的」

**第4頁　給予出口**（前往）
這是選擇，而不是一個強迫

## 什麼是多頁訊息的迴向應用？

簡單來說，迴向應用就是利用多頁訊息的高互動特性，讓對方主動且定期地回來找你。客戶主動回來找你很難、非常難，必須應用行銷策略，而這策略的核心在於「利他精神」與「個人化定制」的結合，當對方感受到訊息中的價值或實用性時，就會產生回應與互動的動機。

### 策略應用場景：製作專屬多頁訊息給對方

**1. 個人化電子多頁名片**

- 內容設計：以多頁訊息製作專屬的數位名片，包含簡介、專業領域、聯絡方式及成功案例。
- 效果：傳遞給對方時，不僅讓對方感受到你的專業與誠意，還方便對方二次分享，擴大曝光。
- 適用對象：有業務需求者。

**2. 關心對方的事物**

- 內容設計：針對對方關心的議題，設計如「育兒技巧」、「理財秘訣」或「健康飲食」等多頁訊息。
- 效果：貼近對方需求的內容，容易引發共鳴，進而達到更新名片內容進而達到持續互動的「迴向」聯繫效果。
- 適用對象：一般民眾、家庭主婦。

**3. 產品目錄或營業項目介紹**

- 內容設計：分頁展示產品特點、優惠方案及客戶見證，並設置聯繫按鈕。

- 效果：多頁訊息讓對方可以自由選擇感興趣的部分，避免長篇大論帶來的閱讀疲勞。
- 適用對象：創業者、公司行號。

### 4. 活動訊息與邀請
- 內容設計：活動簡介、流程安排、報名連結及過往活動照片。
- 效果：多頁展示形式能讓活動訊息更有條理，增加對方參與的意願。
- 適用對象：活動舉辦者、社團、公關公司。

## 行為學解析：為何多頁訊息能誘發「迴向」關係？

### 1. 鏡像神經元效應（Mirror Neurons Effect）
- 原理解釋：當人看到與自己相關的內容（如名字、照片、興趣），鏡像神經元會自動啟動，產生熟悉感與好感。
- 實際應用：例如：當你傳遞的多頁訊息中包含對方的興趣或熟悉的事物，甚至是對方本人的照片或事業訊息，會立即引發對方的高度注意力，甚至主動回應。

### 2. 互惠心理（Reciprocity Principle）
- 原理解釋：當我們受到某種好處時，通常會有一種回報的心理傾向。
- 實際應用：當你主動製作對方可能需要的訊息（如產品推薦、專屬優惠），對方會因感受到你的用心而主動回應，形成「訊息迴向」。

### 3. 個人化效應（Personalization Effect）

- 原理解釋：當訊息中提及受眾的名字或個人化資訊時，回應率通常會高度提升。
- 實際應用：在多頁訊息中加入對方的名字、照片、商店資訊或客製化特定需求的頁面或按鈕，讓對方感受到被重視與理解。

## 人性心理學支撐：關於「自己」的內容最能搶抓眼球

### 1. 自我參照效應（Self-Reference Effect）

- 案例說明：當我們看到團體照時，第一時間通常會先找自己，這是一種無意識的心理反應。
- 策略應用：利用多頁訊息製作對方的名片資訊、成功案例（before/after）、照片或專屬優惠，能有效抓住注意力，誘發「迴向」行為。

### 2. 虛榮心理與社交貨幣（Social Currency）

- 原理解釋：人們喜歡分享能突顯自己價值或地位的訊息。
- 實際應用：製作可轉發的多頁訊息（如達人推薦、個人見證），不僅提高轉分享率，還能建立雙向互動的「迴向」效果。

## 迴向策略：讓人脈互動不再是單行道

### 1. 定期更新與提醒機制

- 策略：定期（每月 / 週 / 日）製作一次多頁訊息，主題可以是行業趨勢、專屬優惠或個人化建議。
- 效果：讓對方有「定期必看」的期待感，形成穩定的雙向定聯。

### 2. 興趣標籤與分眾管理

- 策略：根據對方的點擊行為標註興趣標籤，如「美食」、「理財」、「旅遊」。
- 效果：未來的多頁訊息可以針對標籤進行個性化推薦，讓對方感到每一份訊息都是專屬定制。

### 3. 交叉引薦與協同效應

- 策略：利用多頁訊息引薦（轉介紹）對方的朋友或客戶，形成人脈矩陣的交叉串聯。
- 效果：對方不僅因得到 LINE 電子名片協助知名度曝光而感受到你的用心，還會引薦背後人脈也一起用 LINE 電子名片，這些人即會主動回應更多的互動與轉介紹。

### 案例分享：多頁訊息如何成功創造迴向效應？

#### 案例一：健身教練

- 策略：幫健身教練製作了多頁訊息，包含個人化的飲食建議、訓練進度與成效照片、短影片。
- 結果：讓其客戶每週都會主動回傳訊息詢問建議，甚至分享給朋友，形成自動化裂變與定聯。

#### 案例二：房仲

- 策略：協助房仲製作多頁訊息，內容包含建物分類（大樓／透天／別墅／價格帶／區域／房數……）、社區房價趨勢、賀成交案例及專屬諮詢服務。
- 結果：協助該房仲服務的投資客戶持續掌握房市趨勢與案件消息。

---

**讓訊息成為「橋樑」而非「路障」**

　　多頁訊息的迴向應用，核心在於利他與個人化結合。當你能持續地提供對方感興趣且有價值的訊息，雙向互動就不再是難題。

# 2-4
# 點擊信任開關：
# 利用「協作多頁訊息」瞬間破冰

在社交這件事上，最尷尬的就是「話題卡住」，像一場彼此都不確定該怎麼結束的舞會。

「破冰」，不是耍花招，而是找到對方願意開口的理由。在資訊爆炸的時代，你得讓別人覺得「這對我有好處」，他才會願意分享素材，讓你幫他製作多頁訊息，進而建立雙向互動的橋樑。這不只是聊天，而是開啟「信任模式」的關鍵開關。

本章節不講那些生硬的寒暄，而是針對五種常見行業，直接給出能打開話匣子的對話模板。讓對方心甘情願分享，讓人脈的升級，不再靠運氣，而是靠方法。

## 信任開關的心理學基礎：快速破冰的關鍵

在商業心理學中，所謂的「信任開關（Trust Trigger）」指的是在對話的前三分鐘內，若能觸動對方的需求痛點，便能快速建立信任。這通常包括以下幾個要素：

**1. 利他性（Altruism）**：讓對方感受到你是站在他的立場上考慮問題。

**2. 專業性（Authority）**：透過專業知識與解決方案增強可信度。

**3. 相似性（Similarity）**：透過共鳴與認同感減少戒心。

## 如何讓他人願意與你「協作多頁訊息」瞬間破冰的關鍵

### 策略：信任開關

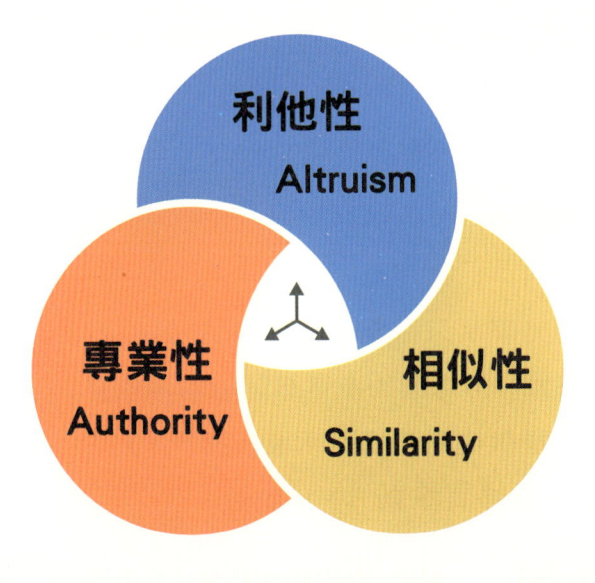

- 利他性 Altruism
- 專業性 Authority
- 相似性 Similarity

對話的前三分鐘內，觸動對方的需求痛點，快速建立信任

---

根據這些心理學要素，我們設計了五組行業對話破冰策略，幫助你有效運用多頁訊息，快速讓對方願意提供素材與資訊。

### 場景一：房仲業──如何讓房仲願意分享房屋照片與介紹

#### 情境描述

你要讓房仲願意提供房屋照片與詳細介紹，方便你製作多頁訊息來幫他們推廣。

### 破冰對話

**1. 利他性切入**

- 對話示例:「我知道您現在手上有不少房源需要推廣,我這邊有個免費服務,可以幫您製作一份多頁訊息,讓房屋資訊更完整地呈現,方便您轉發給客戶。您方便提供幾張照片和簡單的介紹嗎?」
- 心理學解釋:免費服務降低戒心,讓房仲願意嘗試。

**2. 專業性強化**

- 對話示例:「我們幫不少房仲做過類似的服務,大大提升房源曝光率。只需要您提供一些房屋資料和照片,我們就能幫您做一份專業的多頁訊息範本,您有興趣試試嗎?」
- 效果:提供建物分類(大樓/透天/別墅/價格帶/區域/房數……)多頁訊息,一目瞭然。

## 場景二:健身教練——如何讓教練提供訓練影片與課程簡介

情境描述

你要讓健身教練提供訓練影片或課程簡介,方便你製作多頁訊息來幫助他招生。

### 破冰對話

**1. 利他性展示**

- 對話示例:「我看到您最近在推健身課程,這邊有個免費的多頁訊息服務,能幫您整理課程介紹和訓練影片,這樣

轉發給學生時也更有吸引力。您方便提供幾段影片和簡介嗎？」
- 心理學解釋：解決教練推廣痛點，降低戒心。

### 2. 相似性共鳴

- 對話示例：「很多教練都說這樣的多頁訊息特別有效，像是訓練影片和課程優惠放在一起，學生看了都很有興趣。您有沒有什麼主打的課程，方便給我資料幫您做一份嗎？」
- 效果：透過他人經驗引發共鳴，快速破冰。

## 場景三：美容師——如何讓美容師提供產品照片與客戶見證

### 情境描述

你要讓美容師提供美容產品的照片和客戶見證，方便你製作多頁訊息來吸引新客戶。

### 破冰對話

#### 1. 利他性誘導

- 對話示例：「我可以幫您做一份免費的美容產品多頁訊息，裡面放上客戶見證和效果照片，這樣更容易吸引新客戶。您方便給我幾張照片和簡單的介紹嗎？」
- 心理學解釋：用免費服務交換資料，降低防備心。

#### 2. 專業性保障

- 對話示例：「我們之前幫其他美容師做過類似的多頁訊息，效果很不錯，大大提升預約率。只需要您提供幾張照片和

產品介紹就可以，您有興趣試試看嗎？」
- 效果：多頁訊息畫面中，直接製作「我要預約」按鈕，引導客戶直覺點擊預約。

## 場景四：行銷顧問——如何讓行銷顧問提供案例資料與分析報告

### 情境描述

你要讓行銷顧問提供過往的案例資料和分析報告，方便你製作多頁訊息來展示成功案例。

### 破冰對話

**1. 利他性切入**

- 對話示例：「我可以幫您做一份免費的電子名片多頁訊息，裡面放上您的公司資訊和營業項目，這樣發給潛在客戶時會更有說服力。您方便提供一些資料嗎？」
- 心理學解釋：協助行銷顧問知名度大量曝光，讓產品與服務被更多人看見。（你想被看見，LINE 要有按鍵）

2. 相似性策略

- 對話示例：「很多行銷顧問都反饋說，這種 LINE 電子名片多頁訊息對建立個人形象品牌、展示產品特別有效，客戶看完後都很有興趣進一步了解。我有很多經典案例，可以讓您參考範本嗎？」
- 效果：用他人成功經驗提升共同協作電子名片意願，製作過程中還能增加與客戶間的關係溫度。（在通往成功的路上，我不只是旁觀者，而是與客戶並肩同行的夥伴。）

## 場景五：房屋裝潢業者──如何讓裝潢業者提供作品照片與風格介紹

### 情境描述

你要讓裝潢業者提供裝潢作品的照片和風格介紹，方便你製作多頁訊息來展示。

### 破冰對話

**1. 利他性展示**

- 對話示例：「裝潢這一塊，大家都喜歡看圖說話，我可以幫您做一份免費的裝潢作品多頁訊息（作品集／施工前後對照圖），方便您轉發給潛在客戶。您方便提供幾張作品照和簡單的介紹嗎？」
- 心理學解釋：用視覺展示吸引對方主動分享資料。

**2. 專業性保證**

- 對話示例：「我們之前幫不少裝潢公司做過類似的服務，客戶反饋說，這種多頁訊息能讓作品看起來更專業。只要幾張照片和介紹，我幫您免費做一份，您覺得如何？」
- 效果：用作過的裝潢業實際案例經驗背書，讓對方放下戒心。

---

### 用對話瞬間擊中信任開關

　　無論是哪個行業，信任開關的核心都在於讓對方感受到真誠的利他心與專業度。只要抓住痛點，配合免費且有價值的多頁訊息，破冰其實比想像中簡單得多。試著運用這些場景話術，開始點擊你的信任開關吧！

# 2-5
# 如何挖掘深藏不露的客戶

有些客戶，就像不愛說話的貓，他有需求，但不會主動告訴你，等著你自己去發現。這時候，你得學會用**「關鍵字」**來找到他的痛點。

不同行業，關鍵字不一樣。做保險的，關鍵字可能是「風險」「未來」「家人」；做健身的，可能是「身材」「時間不夠」「沒毅力」；做教育的，則是「學歷」「競爭」「孩子的未來」。這些詞，不只是字，而是客戶內心的焦慮。

行銷，不是單方面輸出資訊，而是用對的詞，敲開對方的心門。當你說出他心裡的話，他才會覺得：「咦？這個人懂我！」而這，就是成交的開始。

在人脈經營中，有一類客戶特別難搞，他們不像一般人那樣容易被明顯的利益點所吸引，反而更擅長隱藏自己的需求與興趣。這類「深藏不露型客戶」就像海底的寶藏，需要你更細心地觀察、挖掘，甚至借助他人經驗，才能成功打開他們的心門。

每一個人都有被吸引的點，只是有些客戶的喜好深藏不露，面對這樣的客戶，我們必須更加細緻地觀察，或者與更有經驗的朋友一起討論。只要是人，皆有慾望，只是沒被發現。要挖掘這些「深藏不露型」客戶的核心需求，關鍵就在於精準的洞察力與細膩的互動設計。

本章節將針對 30 個常見行業與職位，分析他們的核心需求與喜好，並設計多頁訊息中適合的按鈕，幫助你更有效地挖掘這類客戶的真實需求，達成精準互動。

## 如何挖掘深藏不露的客戶

顯性需求

隱性需求
深層需求

策略：「關鍵字」

精準的洞察力與
細膩的互動設計

細心地觀察、挖掘
並借助他人經驗

**不是客戶沒需求，是你還沒找到他的語言。**

挖掘深藏不露的客戶，靠的是觀察力、語言力與設計力。當你用對的「行業對話按鈕」敲中客戶的焦慮點，他就會從沉默轉為行動，讓互動從冰點瞬間升溫。

## 一、精準洞察：找出深藏的需求點

在行銷心理學中，有一個著名的「冰山理論」，指的是客戶的顯性需求只是冰山一角，更多隱藏的需求深埋水面下。要挖掘這些隱藏需求，最有效的方式就是設計出能精準擊中痛點的互動按鈕。

這些按鈕不只是功能性的設計，更是透過測試與反應來讀懂客戶的潛在需求。

## 二、30個行業的需求與互動按鈕設計

以下列出 30 個常見行業與職位的核心需求與適合的多頁訊息按鈕設計，幫助你更有效地挖掘客戶的潛在需求。

### 1 髮型師

**核心需求**：穩定的客源與預約排程
**推薦按鈕**：「我要預約」、「查看作品集」

### 2 團購主

**核心需求**：提升訂單量與商品曝光
**推薦按鈕**：「我要購買」、「參加團購」

### 3 早餐集團董事長

**核心需求**：拓展加盟與品牌曝光
**推薦按鈕**：「我要加盟」、「了解加盟方案」

### 4 健身教練

**核心需求**：新客戶開發與課程預約
**推薦按鈕**：「我要諮詢」、「查看課程」

**5** 美容師

**核心需求**：課程推廣與口碑行銷

**推薦按鈕**：「體驗新課程」、「預約試做」

**6** 保險業務

**核心需求**：潛在客戶開發與保單檢視

**推薦按鈕**：「免費保單檢視」、「領取罐頭保單指南」

**7** 餐飲業老闆

**核心需求**：訂位管理與新客吸引

**推薦按鈕**：「線上訂位」、「查看菜單」

**8** 不動產經紀人

**核心需求**：客戶導流與房源曝光

**推薦按鈕**：「我要看房」、「免費房產評估」

**9** 健身教練

**核心需求**：理財服務與信任建立

**推薦按鈕**：「免費財務健檢」、「投資方案諮詢」

**10** 電商老闆

**核心需求**：提升轉換率與會員留存

**推薦按鈕**：「立即購買」、「加入會員」

**11** 牙醫診所

**核心需求**：患者預約與療程推廣

**推薦按鈕**：「預約檢查」、「療程介紹」

**12** 幼兒園園長

**核心需求**：招生推廣與家長聯繫

**推薦按鈕**：「招生資訊」、「校園參訪」

### 13 旅行社業務

**核心需求**：行程銷售與潛在客戶名單
**推薦按鈕**：「行程推薦」、「立即報名」

### 14 設計師

**核心需求**：作品曝光與案源拓展
**推薦按鈕**：「查看作品」、「合作洽談」

### 15 政治人物

**核心需求**：選民支持與政見傳播
**推薦按鈕**：「政見發表」、「支持募款」

### 16 網紅／直播主

**核心需求**：粉絲黏著度與收入轉化
**推薦按鈕**：「追蹤我的頻道」、「贊助我」

### 17 會計師

**核心需求**：企業客戶與報稅服務
**推薦按鈕**：「稅務諮詢」、「會計服務報價」

### 18 醫美診所經營者

**核心需求**：高客單價項目推廣
**推薦按鈕**：「體驗醫美項目」、「預約諮詢」

### 19 保健品代理商

**核心需求**：試用推廣與會員經營
**推薦按鈕**：「領取試用包」、「加入會員」

### 20 汽車銷售員

**核心需求**：試駕預約與購車資訊
**推薦按鈕**：「預約試駕」、「查看車型」

### 21 建築師
**核心需求**：案源開發與設計展示
**推薦按鈕**：「作品案例」、「預約諮詢」

### 22 律師
**核心需求**：法律諮詢與案件委託
**推薦按鈕**：「免費法律諮詢」、「案件評估」

### 23 婚禮策劃師
**核心需求**：方案銷售與客戶預約
**推薦按鈕**：「查看婚禮方案」、「預約諮詢」

### 24 物流業者
**核心需求**：快遞需求與物流詢價
**推薦按鈕**：「查詢運費」、「立即寄件」

### 25 獵頭顧問
**核心需求**：人才推薦與職缺填補
**推薦按鈕**：「推薦職缺」、「人才招募方案」

### 26 經紀人
**核心需求**：藝人曝光與商務合作
**推薦按鈕**：「推薦藝人」、「合作洽談」

### 27 醫療器材銷售
**核心需求**：產品試用與醫院合作
**推薦按鈕**：「產品試用」、「了解價格」

### 28 平面設計師
**核心需求**：案源拓展與作品展示
**推薦按鈕**：「查看作品」、「設計報價」

### 29 瑜伽老師

**核心需求**：招生與課程推廣

**推薦按鈕**：「免費體驗課」、「查看課程表」

### 30 服飾店老闆

**核心需求**：新品推廣與會員經營

**推薦按鈕**：「查看新品」、「加入會員」

## 30個行業的需求與互動按鈕設計-1

| 行業 | 核心需求 | 推薦按鈕 |
|---|---|---|
| 髮型師 | 穩定的客源與預約排程 | 我要預約 / 查看作品集 |
| 團購主 | 提升訂單量與商品曝光 | 我要購買 / 參加團購 |
| 早餐集團董事長 | 拓展加盟與品牌曝光 | 了解加盟方案 / 我要加盟 |
| 健身教練 | 新客戶開發與課程預約 | 我要諮詢 / 查看課程 |
| 美容師 | 課程推廣與口碑行銷 | 體驗新課程 / 預約試做 |
| 保險業務 | 潛在客戶開發與保單檢視 | 免費保單檢視 / 取罐頭保單懶人包 |
| 餐飲業老闆 | 訂位管理與新客吸引 | 查看菜單 / 線上訂位 |
| 不動產經紀人 | 客戶導流與房源曝光 | 免費房產評估 / 我要看房 |
| 財務顧問 | 理財服務與信任建立 | 免費財務健檢 / 投資方案諮詢 |
| 電商老闆 | 提升轉換率與會員留存 | 加入會員 / 立即購買 |

## 30個行業的需求與互動按鈕設計-2

| 行業 | 核心需求 | 推薦按鈕 |
| --- | --- | --- |
| 牙醫診所 | 患者預約與療程推廣 | 療程介紹 / 預約檢查 |
| 幼兒園園長 | 招生推廣與家長聯繫 | 校園參訪 / 招生資訊 |
| 旅行社業務 | 行程銷售與潛在客戶名單 | 行程推薦 / 立即報名 |
| 設計師 | 作品曝光與案源拓展 | 查看作品 / 合作洽談 |
| 政治人物 | 選民支持與政見傳播 | 政見發表 / 支持募款 |
| 網紅/直播主 | 粉絲黏著度與收入轉化 | 追蹤我的頻道 / 贊助我 |
| 會計師 | 企業客戶與報稅服務 | 稅務諮詢 / 會計服務報價 |
| 醫美診所經營者 | 高客單價項目推廣 | 體驗醫美項目 / 預約諮詢 |
| 保健品代理商 | 試用推廣與會員經營 | 領取試用包 / 加入會員 |
| 汽車銷售員 | 試駕預約與購車資訊 | 預約試駕 / 查看車型 |

## 30個行業的需求與互動按鈕設計-3

| 行業 | 核心需求 | 推薦按鈕 |
|---|---|---|
| 建築師 | 案源開發與設計展示 | 作品案例 / 預約諮詢 |
| 律師 | 法律諮詢與案件委託 | 免費法律諮詢 / 案件評估 |
| 婚禮策劃師 | 方案銷售與客戶預約 | 查看婚禮方案 / 預約諮詢 |
| 物流業者 | 快遞需求與物流詢價 | 查詢運費 / 立即寄件 |
| 獵頭顧問 | 人才推薦與職缺填補 | 推薦職缺 / 人才招募方案 |
| 經紀人 | 藝人曝光與商務合作 | 推薦藝人 / 合作洽談 |
| 醫療器材銷售 | 產品試用與醫院合作 | 產品試用 / 了解價格 |
| 平面設計師 | 案源拓展與作品展示 | 查看作品 / 設計報價 |
| 瑜伽老師 | 招生與課程推廣 | 免費體驗課 / 查看課程表 |
| 服飾店老闆 | 新品推廣與會員經營 | 查看新品 / 加入會員 |

## 三、設計按鈕的核心原則：貼近需求才能有效引流

1. **精準貼合行業特性**：了解行業痛點才能設計有效的按鈕。
2. **簡單直接，避免猶豫**：按鈕文案越簡潔，客戶行動越直接。
3. **測試與優化**：不斷測試按鈕的點擊率與反饋，優化設計。

## 四、運用行為心理學：如何讓客戶無法抗拒按鈕

根據「行為經濟學」，人們面對簡單明瞭的選擇時行動更快速。透過以下策略，可以讓按鈕更具吸引力：

- 稀缺性（Scarcity）：如「限時優惠」、「僅剩5個名額」。
- 社會認同（Social Proof）：如「超過1000人已報名」。
- 損失規避（Loss Aversion）：如「錯過就沒了」。

---

### 洞悉需求，才能挖掘人脈寶藏

挖掘深藏不露的客戶，重點在於洞察需求與精準互動。

只要掌握每個行業的核心痛點，並設計出精準的互動按鈕，便能快速突破表面的冷漠，深入挖掘每個客戶的潛在價值。

當你能真正理解客戶的需求時，人脈網絡就像一張蛛網般，能不斷擴展與延伸。

試著從今天開始，觀察每一個接觸到的人，找出他們深藏的需求，運用本文的策略與按鈕設計，去挖掘那些深藏不露的人脈寶藏吧！

# 2-6
# 打造社群「人脈磁吸場」：讓人無法忽略你

「社群的人脈經營，不只是讓人看到你，而是讓人忘不了你」

這個時代，人脈不再只是名片疊得多高，而是你在別人的世界裡，佔據多少空間。社群，就是你的舞台，但問題是——你的內容，是讓人一滑而過，還是讓人停下來？

經營社群，重點不是發多少貼文，而是你說的話，對誰有意義。別人願意記住的，從來不是「資訊」，而是「情緒」——啟發、共鳴、解決問題，這些才是讓人點讚、轉分享、留下來的理由。

在這個資訊爆炸的世界裡，不是你有多少聲量，而是你有多少價值。當你的內容變成別人需要的答案，社群就不只是平台，而是一個能吸引人靠近的人脈磁場。

本章節將深入探討社群「人脈磁吸場」的打造方法，分享五種常用且有效的創意發文技巧與策略，讓你在資訊海洋中脫穎而出，成為無法被忽視的存在。

## 一、用「故事性」打動人心：講好你的品牌故事

### 策略一：從痛點開始，引發共鳴

人在看到與自己相關的痛點故事時，往往更容易被吸引。例如：分享你或客戶面臨的困難，如何克服，最終成功的故事，這樣的敘述會讓讀者產生代入感。

**發文技巧：**

1. 開頭三秒見真章——用強烈的問題或引人入勝的開場引起興趣，例如：「你是否也曾因XXX而感到困擾？」
2. 設計轉折與解決方案——描述痛點後，順勢提出解決方法或產品服務。
3. 行動按鈕建議：「了解我的故事」、「查看解決方案」

**範例：**

「我曾是個焦頭爛額的上班族，每天忙碌卻沒時間陪家人，直到我發現了XXX方法，讓我能兼顧事業與生活…」

## 二、利用「數據力」說服：用數據增強信任感

### 策略二：視覺化數據，增強說服力

大多數人天生對數據抱有信任感。用簡單且具體的數據呈現成效，能讓讀者更容易接受你分享的觀點。例如：使用圖表、百分比、案例數據等。

**發文技巧：**

1. 用數據開場——例如：「90%的人在使用XXX後，成效提

升了50%！」

2. 製作簡單圖表或動態數據圖──提高閱讀停留時間。

3. 行動按鈕建議：「查看更多數據」、「立即試用」

**範例：**

「根據我們的統計，使用這套工具的用戶，平均業績提升了45%。想知道為什麼嗎？」

## 三、創造「參與感」：用互動內容留住讀者

### 策略三：發起投票與問答，製造參與感

互動式內容能讓人感到參與其中，更願意留下評論或分享。例如：設計簡單的投票問題或互動小測驗，引導讀者參與。

**發文技巧：**

1. 開場問題設計──「你更喜歡 A 還是 B？」、「測一測你是 XXX 型人格？」

2. 使用限時動態與小測驗功能──增加互動率。

3. 行動按鈕建議：「參與投票」、「留言分享」

**範例：**

「你認為企業成功的關鍵是 A. 人才還是 B. 創新？快來投票看看大家的選擇！」

## 四、打造「稀缺感」：限時、限量的心理學效應

### 策略四：限時搶購與倒數計時的誘惑

稀缺效應能有效激發行動慾望。例如：限定優惠只給前100名，或倒數計時的限時活動。

**發文技巧：**

- 限時標語設計——「只限今天」、「限量100組」
- 倒數計時器與限時優惠頁面——製造緊迫感。
- 行動按鈕建議：「立即搶購」、「領取優惠」

**範例：**

「限量50組，售完為止！快來搶購你的專屬優惠！」

## 五、善用「UGC（用戶生成內容）」：用見證增強信任
(User-Generated Content, UGC)

### 策略五：用戶見證與轉分享裂變

UGC是最具說服力的內容之一。鼓勵客戶分享使用心得或實際成效圖，轉發這些內容能有效提升信任度與裂變傳播。

**發文技巧：**

- 用戶見證截圖或影片分享——真實的聲音最有力量。
- 設計獎勵機制鼓勵轉分享——如抽獎或優惠券。
- 行動按鈕建議：「分享你的故事」、「查看用戶見證」

**範例：**

看看用戶怎麼說：「用了這個工具後，業績真的大爆發！快來看看他們的故事！」

## 打造社群 "人脈磁吸場"

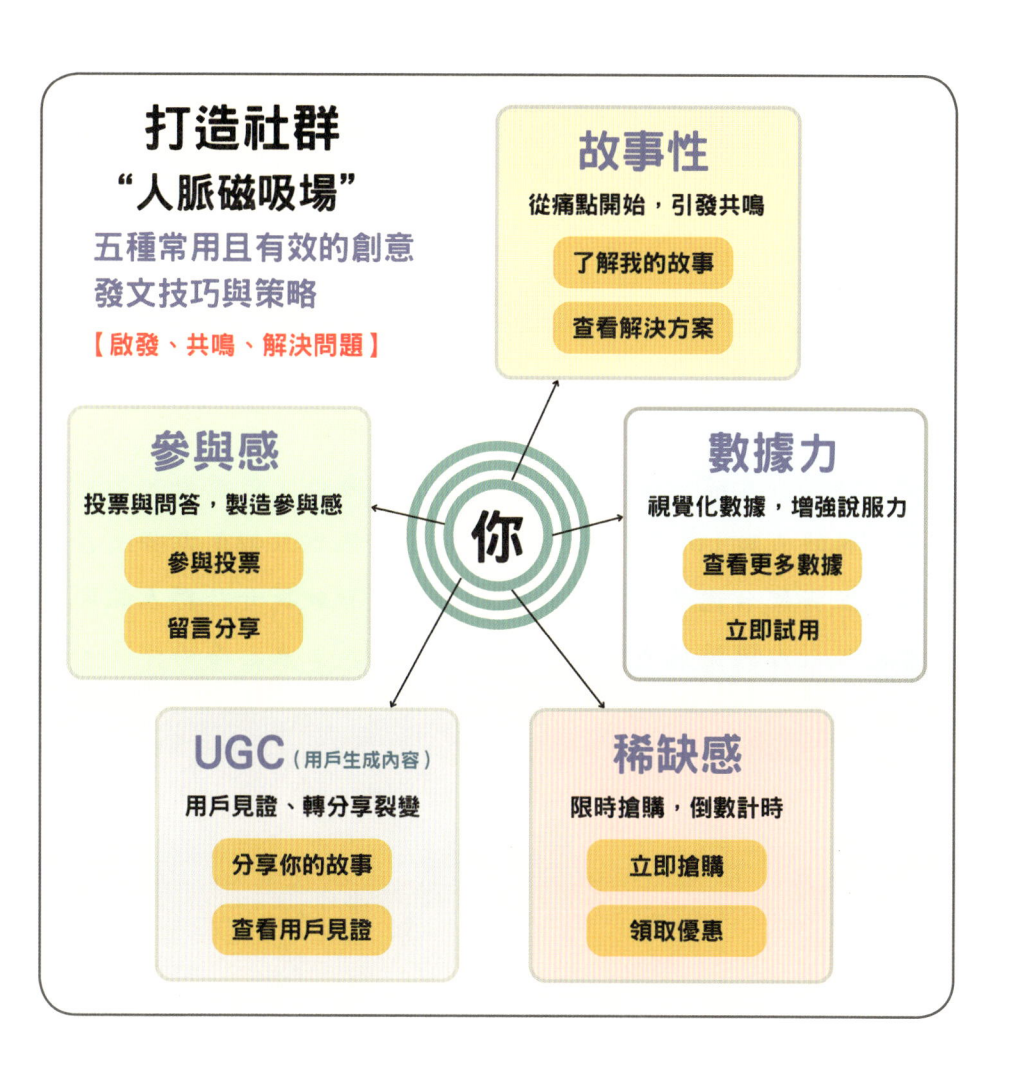

五種常用且有效的創意發文技巧與策略

【啟發、共鳴、解決問題】

### 故事性
從痛點開始，引發共鳴
- 了解我的故事
- 查看解決方案

### 參與感
投票與問答，製造參與感
- 參與投票
- 留言分享

### 數據力
視覺化數據，增強說服力
- 查看更多數據
- 立即試用

### UGC（用戶生成內容）
用戶見證、轉分享裂變
- 分享你的故事
- 查看用戶見證

### 稀缺感
限時搶購，倒數計時
- 立即搶購
- 領取優惠

中心：你

### 讓人無法忽略你的線上策略

社群「人脈磁吸場」的核心在於故事性、數據力、參與感、稀缺感與 UGC 的有效結合。只要掌握這五個創意發文技巧，並搭配合適的行動按鈕設計，就能有效提升社群人脈經營的吸引力與擴散力，讓你的訊息成為無法被忽略的存在。

# chapter 3

# 垂直與水平人脈佈局秘訣

人脈經營就像調酒技術，垂直是溫度，要讓客戶從冷淡到熱情；水平是流程，讓過程順滑到無縫成交。兩者交織，行銷的宗旨不單單只是服務客戶，而是讓客戶離不開你，處處想到你、需要你，這樣你就可以優雅且高效地拿下每一場關鍵對話。

- 3-1 三步驟點燃人脈的自發裂變
- 3-2 用 LINE 多頁訊息鏈接人脈關係
- 3-3 識別並引發關鍵影響者
- 3-4 掌握人脈光擴效應
- 3-5 深度連結 VS 廣度輻射：如何達到平衡效益
- 3-6 個人節點的垂直經營與水平經營

# 3-1
# 三步驟點燃人脈的自發裂變

人脈的幾何成長法則

如果人脈是一場燎原的星火,那麼點燃它的關鍵,不在於你擁有多少柴火,而是你是否知道如何讓這把火持續燃燒並自動擴散。很多人在人脈經營上最大的誤區,是以為「多認識人」就等於「擴展人脈」。事實上,真正高效的人脈增長來自於吸引裂變,也就是讓已經認識你的人,「主動願意」幫你介紹更多的人。

這一章,我們將透過三個步驟,讓你的關係從單點連結轉變為網狀擴展,進而形成可自發增長的「人脈裂變效應」。

## 第一步:製造高價值觸點,讓人願意記住你

你是誰?為什麼要記住你?在現代資訊爆炸的時代,每個人每天接收的訊息多達數千條,但能真正記住的卻少之又少。這就是為什麼,在人脈建立的第一步,你要確保「對方不只是認識你,而是記住你」。

如何做到這點?關鍵在於「高價值觸點」——也就是讓對方在短時間內對你產生印象,並願意主動與你互動。這些觸點可以是你的專業知識、獨特的服務,甚至是你提供的一個有價值的工具。

### 製造記憶點的三種方法

**故事法則**：人對於故事的記憶比數據來得深刻，當你介紹自己時，不妨用一個有趣的故事包裝。例如：「你知道嗎？我本來是個害怕社交的人，直到我發現了一種讓人主動來找我的方法……」

**利他工具**：如果你能提供一個讓對方立即受益的工具或方法，那麼他們就有更高的機率記住你。例如：提供免費的 LINE 多頁訊息模板，幫助對方提升商業曝光。

**標籤效應**：讓對方在腦海中為你貼上一個標籤（長期定位），比如「○○狂人」「○○達人」「AKA ○○○」……，這樣他們未來遇到相關需求時，第一時間就會想到你。

## 第二步：啟動人脈「裂變機制」，讓認識你的人願意幫你介紹更多人

## 讓人願意介紹你，必須先提供「社交貨幣」

當人們願意主動介紹你給他們的朋友時，這代表你已經成為他們社交中的「有價值人脈」。而「社交貨幣」的概念，正是指人們喜歡分享能提升自己價值的事物。如果介紹你能讓他們在朋友圈中獲得認可，他們就更樂於分享。

### 三種方法「成為別人手中」的社交貨幣

**1. 創造獨特資源：**

如果你手上有一個「他們的朋友可能會需要」的資源，他們就更可能主動介紹。例如：你提供的免費行銷工具、產業分析報告等、保單健檢服務。

**2. 降低介紹門檻：**

人們不喜歡麻煩，所以提供一個簡單的介紹方式，例如：LINE 的「一鍵推薦訊息」，讓你的好友可以輕鬆轉發介紹。

**3. 設計有吸引力的誘因：**

例如：「介紹三位朋友，我免費幫你優化你的品牌形象」，或者「你的朋友只要點擊這則訊息，你們兩人都能獲得一份免費產品體驗」。

## 第三步：透過精準定聯，維持人脈的活化度

為什麼大多數人脈經營到一半就「斷線」？

很多人建立了人脈後，卻發現關係逐漸變淡，最後演變成「加了好友但從不聯絡」。問題出在哪？當然是因為缺乏持續的互動與價值輸出。

### 精準定聯的三個核心策略

**1. 區分人脈等級，調整互動頻率**

- A 級人脈（核心關係）：每週互動一次，如私訊、邀約見面。
- B 級人脈（潛在高價值關係）：每 2 週互動一次，如轉發有價值的資訊。
- C 級人脈（一般關係）：每月互動一次，如節日問候。
- D 級人脈（初步接觸）：每 1.5~2 月互動一次，如不定期提供免費資源。

**2. 利用 LINE 多頁訊息維持觸達**

- 透過「動態內容＋定期更新」，讓對方有理由持續回來查

看你的訊息。

- 例如：發佈行業趨勢、實用工具、優惠資訊等，保持互動價值。
- 尋找能提供「互動訊息資料庫」的工具更佳有效率。如新聞剪報工具……等

3. **設計「迴向互動點」**

- 讓對方有「主動聯繫你的理由」，例如：免費諮詢、專屬福利、限時活動……等。
- 例如：「下週三有一場 VIP 交流會，你要一起來嗎？」，例如：「客戶聯誼會」、「職涯工作坊」……等。

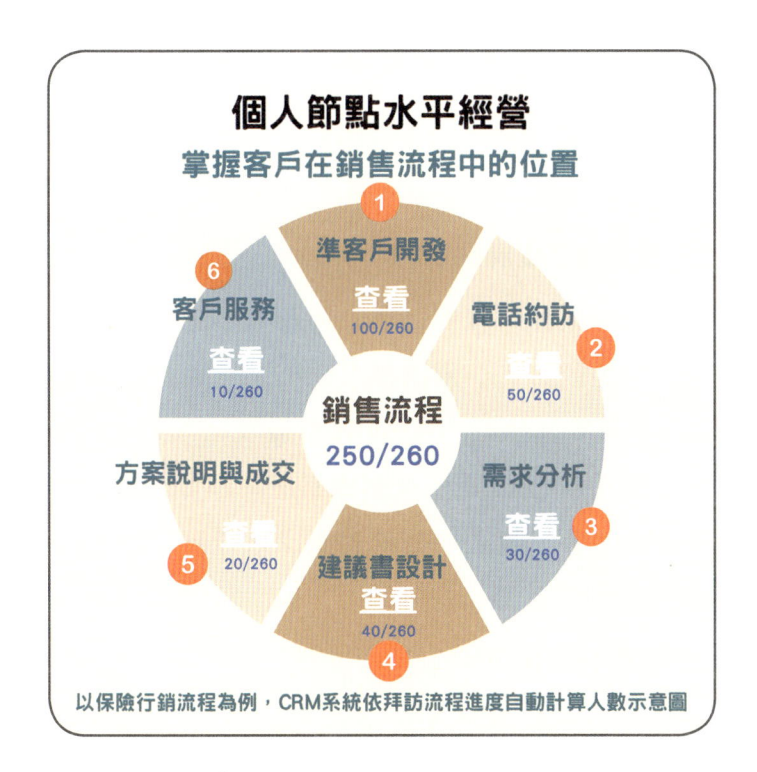

## 個人節點水平經營
### 掌握客戶在銷售流程中的位置

1. 準客戶開發 查看 100/260
2. 電話約訪 查看 50/260
3. 需求分析 查看 30/260
4. 建議書設計 查看 40/260
5. 方案說明與成交 查看 20/260
6. 客戶服務 查看 10/260

銷售流程 250/260

以保險行銷流程為例，CRM系統依拜訪流程進度自動計算人數示意圖

### 行動指南：如何開始打造你的裂變人脈圈？

#### 1. 今天就開始建立你的「高價值觸點」
- 設計一個能讓人記住你的故事或標籤。
- 提供一個能幫助對方的免費工具或服務。

#### 2. 啟動「裂變機制」，讓人願意介紹你
- 確保你的價值能提升介紹者的社交貨幣。
- 設計簡單的推薦機制，如 LINE 的一鍵轉發。

#### 3. 持續經營，讓人脈不斷活化
- 依照 A-D 級人脈分類，制定不同的互動頻率。
- 運用 LINE 多頁訊息等工具，保持觸達。

#### 行動指南範例 1：小曼保險顧問的高價值觸點策略

小曼是一名保險業務員，剛轉職不久，她知道自己的人脈尚淺，因此決定從「高價值觸點」入手，讓人記住她。

#### 步驟 1：打造高價值觸點

她回顧過去的職涯，發現自己在財務管理方面有豐富的經驗，於是設計了一個簡單的「小資族投保攻略」，將一份免費建議書提供給潛在客戶，只要加她的 LINE，即可獲取。

此外，她還給自己設計了一個標籤——「30 歲前達成 100 萬一桶金的保險顧問」，讓人一聽就對她印象深刻，知道她專精於年輕族群的理財需求。

#### 步驟 2：啟動裂變機制

小曼知道，如果想讓更多人主動介紹她，自己的價值必須足

夠吸引人，讓介紹者有「社交貨幣」。於是，她在 LINE 社群發了一則貼文：「你的朋友也在準備一桶金嗎？免費提供《小資族一桶金攻略》，只要介紹一位朋友加我好友，你也能獲得進階版執行方案！」

透過這種「雙向有利」的裂變設計，她讓介紹者覺得自己不只是單純推薦朋友，而是在「提供價值」，願意更積極分享她的 LINE。

**步驟 3：持續經營人脈**

隨著人脈累積，小曼使用 A-D 級人脈分類：
- A 級：準客戶或高價值推薦者（每週互動）
- B 級：可能會成交的潛在客戶（每 2 週關心）
- C 級：已加好友但尚未互動的名單（每月定聯）
- D 級：無反應或不感興趣者（定期清理）

她還運用 LINE 的多頁訊息功能，定期發送理財觀點、最新市場資訊，讓人脈保持活躍，最終成功將自己從無人脈的新手，變成經營人脈的高手。

### 行動指南範例 2：小凱的健身社群裂變術

小凱是一名健身教練，他希望擴大自己的學生群，但傳統的廣告推廣成本太高，因此他選擇用「裂變人脈圈」來加速成長。

**步驟 1：打造高價值觸點**

小凱觀察到，許多剛開始健身的人不知道如何制定訓練計畫，於是他錄製了一支「7 天新手訓練影片」，免費提供給想開始運動的人。

為了讓大家記住他，他在社群上標榜：「懶人健身教練——專門幫你找到最簡單可執行的訓練方式！」這個標籤讓他快速在新手健身圈內打開知名度。

### 步驟 2：啟動裂變機制

為了讓學員願意介紹朋友，他設計了一個簡單的「健身夥伴推薦機制」：

- 每當一位學員推薦朋友來體驗課，他們兩人都能獲得「30 分鐘私人教學」。
- 他還製作了「LINE 一鍵轉分享邀請」於多頁訊息中，讓學員只需點擊，就能將免費課程資訊轉分享給朋友。

這樣的設計，讓他的學員變成了他的最佳推廣者。

### 步驟 3：持續經營人脈

小凱定期在 LINE 社群與群組內提供：

- 每週「一個健身小知識」
- 每月「一個免費直播 Q&A」
- 每季「一場學員挑戰賽」

這讓他的社群始終保持高互動，學員也更願意介紹朋友加入，讓他的裂變人脈圈源源不絕地成長。

## 行動指南範例 3：小帥的房產投資人脈裂變術

小帥是一名房地產經紀人，深知房產交易通常來自信任與轉介紹，因此他決定打造自己的裂變人脈系統。

### 步驟 1：建立高價值觸點

小帥設計了一個「買房避坑指南 PDF」，提供 10 大買房常見

錯誤，並在社群媒體上發佈：

「你知道嗎？80%的買房新手在簽約前忽略這些關鍵問題，最後後悔不已！免費領取《買房避坑指南》，幫你避免踩雷！」

為了讓人記住他，他也打造了一個獨特標籤：「不讓你買錯房的經紀人」，讓人一看到他的名字，就知道他的專業價值。

**步驟 2：啟動裂變機制**

他知道，客戶不一定馬上有購房需求，但他們的朋友、家人可能需要。於是，他設計了一個「推薦有禮」計畫：

- 推薦一位朋友加他的 LINE，可獲得獨家房產市況報告
- 推薦三位朋友，可免費獲得一次一對一房產諮詢

此外，他還利用 LINE 群組，讓已成交的客戶分享他們的購房經歷，這些「真實見證」反而讓更多人願意主動聯繫他。

**步驟 3：持續經營人脈**

他將人脈分類：

- A 級：近期有購房需求者（每週更新市場資訊）
- B 級：未來 1-2 年內可能買房者（每 2 週提醒房市變化）
- C 級：對買房感興趣但無明確需求者（每月互動）
- D 級：無興趣者（每 1.5~2 月整理一次）

透過 LINE 多頁訊息發送，他確保不同等級的潛在客戶，都能獲得符合需求的資訊，讓他的房產事業穩定成長。

### 總結

這三個故事分別示範了如何透過高價值觸點、裂變機制與持續經營,來打造你的裂變人脈圈:

**1. 小曼(保險):**

透過「30 歲前一桶金攻略」吸引潛在客戶,再利用 LINE 一鍵轉發裂變人脈。

**2. 小凱(健身教練):**

提供「免費訓練影片」作為觸點,並設計「學員推薦機制」來促進裂變。

**3. 小帥(房產經紀人):**

利用「買房避坑指南」增加影響力,並讓已成交客戶成為最好的介紹者。

只要掌握這個流程,你也能從零開始,讓人脈圈自動擴大!

---

影響力的極致,不是你一個人有多強,而是讓你的影響力自己長出翅膀。高價值觸點吸引目光,裂變機制讓影響擴散,持續經營則讓關係不斷深化。當這三步驟形成一個行動閉環,你的網絡將不再受限於個人能力,而是像星座般交織出更大的宇宙,甚至讓機會主動來敲門。現在,別只是想,開始行動吧!你的影響力,值得更大的舞台。

# 3-2
# 用 LINE 多頁訊息鏈接人脈關係

在這個數位時代，人脈經營不再只是微笑握手，而是用對工具，讓交流變得精準且高效。LINE 多頁訊息就像一座優雅的橋樑，讓你的資訊不只是傳遞，而是有層次地展開，讓人一目了然，還忍不住想多看幾眼。當互動變得流暢，受眾不僅記住你，還會對你產生信任，甚至主動靠近你。說到底，真正厲害的經營，不是追著人跑，而是讓人心甘情願地走向你。這一章，我們將深入探討如何利用 LINE 多頁訊息來鏈接人脈關係，讓你的社交網絡持續擴展並且更加緊密。

## 一、為什麼 LINE 多頁訊息是人脈經營的利器？

許多人在社交平台發佈訊息時，常會遇到內容雜亂、過多訊息洗版或難以吸引受眾關注的問題。LINE 多頁訊息以「橫向滑動」的方式，讓資訊層層展開，使讀者能夠有條理地吸收內容。相比於傳統的長篇對話框，這種呈現方式不但能夠吸引目光，還能夠提升點擊率，進一步促成人際互動與兼顧使用 LINE 的社交禮儀。

其優勢包括：

### 1. 結構化內容：

可將資訊分頁整理，避免一次傳送過多訊息導致對方忽略或被使用「全部已讀」（其實是全部未讀）。

**2. 互動性強：**

透過內建按鈕設計，引導對方點擊，讓人脈關係從被動變主動。

**3. 提高觸及率：**

比起純文字訊息，更容易搶睛眼球，讓人願意轉分享，提高裂變傳播的可能性。

**4. 個性化推薦：**

可依照不同人群，設計專屬的內容，進一步拉近彼此關係。

## 二、如何運用 LINE 多頁訊息鏈接人脈？

要讓 LINE 多頁訊息真正發揮效用，關鍵在於「精準鏈接」，以下是三種核心策略：

### 1. 建立初次連結—— 從價值提供開始

對於新認識的人，第一步就是創造一個能夠讓對方產生興趣的理由。例如：你可以透過 LINE 多頁訊息提供：

- 免費資源（如體驗試用包、行銷指南、專業建議）
- 折扣優惠（如特定產品的專屬折扣）
- 實用工具（如免費製作個人 LINE 品牌名片的服務）

**案例：**

小芬是美容業務，她使用 LINE 多頁訊息製作了一個「膚質檢測指南」，內容包括不同膚質的護理方式、推薦產品，以及預約免費肌膚測試的按鈕。當她將這份資訊發送給潛在客戶後，不僅提高了互動率，還成功讓客戶留下聯絡方式，進一步轉化成長期客戶。

## 2. 深化關係 — 建立信任與互動

當你與人建立初步連結後，下一步就是讓關係升溫。透過 LINE 多頁訊息，你可以定期傳遞有價值的內容，讓對方不斷對你產生「需求」，進而推動銷售流程的進度。

**內容類型建議：**

- 案例行銷（分享個人經驗或成功案例）
- 行業資訊（提供最新趨勢、數據分析）
- 獨家優惠（限量優惠、VIP 專屬內容）

**案例：**

阿火是一名保險業務員，他運用 LINE 多頁訊息，每週分享一則「保障與理財資訊」，內容涵蓋最新保險新知、保險小百科、醫療險資訊、理賠案例解析、投資型保單績效報告等實用知識。

許多原本對保險興趣不高的客戶，因為持續定聯讓客戶收到這些專業內容，開始意識到自己的保障缺口。有一天，一位長期觀看的老闆主動詢問：「我目前的保單夠用嗎？可以幫我健檢一下嗎？」透過這種長期價值提供，阿火不僅建立了專業信任，還成功轉化許多客戶，讓業務自然增長！

## 3. 促成人脈裂變 — 鼓勵分享與推薦

如果你希望你的影響力不斷擴展，關鍵在於「讓別人幫你分享」。透過 LINE 多頁訊息的設計，可以內建轉分享按鈕，讓使用者輕鬆將你的訊息轉發給朋友。

**促進分享的方法：**

- 邀請有獎（分享給朋友，即可獲得贈品）
- 轉發優惠（只要轉發，就可享受折扣）
- 朋友推薦機制（推薦成功者可獲得 VIP 權益）

**案例：阿嘉的保險轉介紹策略**

阿嘉是一名保險業務員，深知影響力來自於「讓客戶願意幫你分享」，於是她設計了一個 LINE 多頁訊息的「好友推薦活動」。

**活動內容：**

只要現有客戶將阿嘉的「免費保單健檢」訊息轉發給朋友，並成功邀請對方諮詢，就能獲得個人 LINE 品牌名片或其他優惠訊息。

### 三、提升 LINE 多頁訊息的吸引力──5 個必備技巧

為了讓你的 LINE 多頁訊息真正發揮作用，以下是 5 個提升吸引力的關鍵技巧：

- **第一頁必須搶睛：** 使用有趣的標題、精美的圖片，確保對方願意滑動閱讀。
- **內容精簡有力：** 不要塞滿文字，而是以短句、重點式呈現資訊。
- **動態元素吸引目光：** 善用短影片，讓訊息更生動。
- **CTA（行動召喚）明確：** 每一頁都應該有一個「明確的行動按鈕」，如「立即預約」、「加入群組」、「點擊了解更多」。
- **測試與優化：** 不同族群的喜好不同，應該透過 A/B 測試後的數據，分析並找出最有效的訊息類型。

## LINE吸引力優化技巧(五大關鍵)

- 搶睛首頁
- 明確CTA
- 精簡內容
- 測試優化
- 動態元素

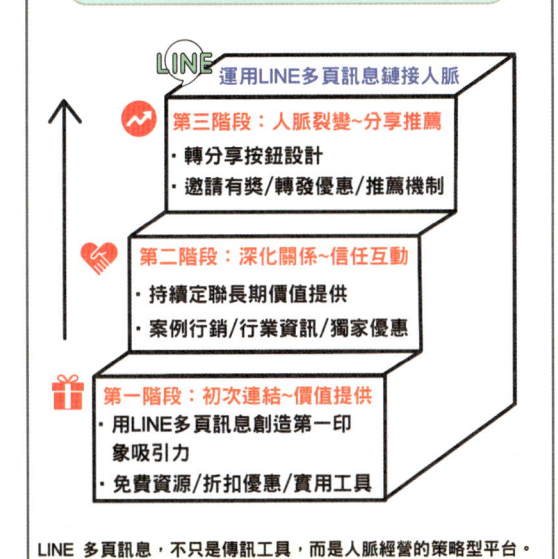

### 運用LINE多頁訊息鏈接人脈

**第三階段：人脈裂變~分享推薦**
- 轉分享按鈕設計
- 邀請有獎/轉發優惠/推薦機制

**第二階段：深化關係~信任互動**
- 持續定聯長期價值提供
- 案例行銷/行業資訊/獨家優惠

**第一階段：初次連結~價值提供**
- 用LINE多頁訊息創造第一印象吸引力
- 免費資源/折扣優惠/實用工具

LINE 多頁訊息，不只是傳訊工具，而是人脈經營的策略型平台。從初次連結的價值吸引，到中段信任的深耕互動，再到高段位的人脈裂變，你可以透過一套有設計感的多頁訊息策略，打造自帶擴散力的人脈系統。

---

　　LINE多頁訊息，不只是傳遞訊息，而是讓你的影響力像連漪般擴散的私域經營魔法。精準的內容設計，讓資訊有溫度；互動策略，讓客戶願意停留；裂變機制，讓人脈從一變十、從十變百。這不只是工具，而是讓人主動靠近你的橋樑。現在，就動手設計你的第一則多頁訊息，讓你的社交網絡不只是「存在」，而是持續成長、無法忽略！

# 3-3
# 識別並引發關鍵影響者

在人脈網絡中，有一群人擁有較高的影響力，他們的發聲可以觸及更廣泛的群體，甚至帶動裂變式的傳播。這些人就是所謂的關鍵影響者（Key Influencers）。本章節將探討如何找出有強烈曝光需求的對象，並如何引發他們願意透過LINE多頁訊息的方式來獲得免費曝光，進一步擴展我們的人脈影響力。

## 一、如何識別有強烈曝光需求的對象

關鍵影響者不一定是網紅、FB藍勾勾或名人，而是那些在某個圈子中擁有話語權，且急需擴展自身影響力的人。以下是一些容易具有強烈曝光需求的對象類型：

1. **新創業者**：剛起步的企業主、品牌創辦人、個人品牌經營者，他們急需建立知名度與客戶群。
2. **專業服務提供者**：如律師、會計師、健身教練、心理諮商師等，依賴信譽與口碑吸引客戶。
3. **活動策劃者與講師**：需要持續曝光自身的活動、課程與演講，以吸引更多人參與。
4. **團購主與電商經營者**：需要快速建立信任，並擴展影響範圍，提高產品的知名度與銷售。
5. **房仲、保險、直銷從業者**：這類職業的成功高度依賴人際關係的建立與維護。

6. **內容創作者與部落客**：希望提升文章、影片、社群內容的曝光度，擴大粉絲基數。
7. **餐飲與實體店家**：需要更多人認識店鋪，並持續帶動來客數與消費。
8. **社團經營者**：例如：企業家聯誼會、投資社群、同好俱樂部等，他們希望吸引更多志同道合的夥伴加入。
9. **非營利組織與公益推廣者**：希望更多人參與公益活動、捐款或響應其理念。
10. **求職者與自由工作者**：需要提升個人品牌，獲得更多合作機會。

識別並引發關鍵影響者
強烈曝光需求的對象類型

- **新創業者**　新創企業主...
- **內容創作者與部落客**　曝光度，擴大粉絲數
- **專業服務提供者**　律師、會計師、健身教練...
- **餐飲與實體店家**　持續帶動來客數與消費
- **活動策劃者與講師**　曝光自身的活動、課程
- **社團經營者**　吸引更多夥伴加入
- **團購主與電商經營者**　建立信任，提高產品的知名度
- **非營利組織與公益推廣者**　更多人參與公益活動、捐款
- **房仲、保險、直銷從業者**　高度依賴人際關係的建立
- **求職者與自由工作者**　個人品牌，更多合作機會

## 二、如何引發關鍵影響者願意被免費曝光

當你找到這些有強烈曝光需求的人，下一步就是讓他們願意透過你提供的 LINE 多頁訊息方式來獲得免費曝光。而最有效的方法，就是讓他們覺得這是一個低成本、高回報的選擇。

### 1. 各行業透過 LINE 多頁訊息提供免費宣傳案例

**案例 1. 房仲業**

一位房仲剛開始經營個人品牌，苦於無法在市場上建立信任。你可以幫他設計一組 LINE 多頁訊息，包括個人品牌名片介紹、成交案例、近期熱銷物件、免費看屋預約資訊，讓他能快速分享給潛在客戶，提高信任感與冒泡機會。

**案例 2. 室內設計業**

一間設計工作室，希望增加知名度與客戶諮詢數量。你可以製作一組 LINE 多頁訊息，包含設計理念、成功案例、免費丈量與諮詢服務，並附上屋主好評，讓他能輕鬆分享，吸引更多裝修需求者。

**案例 3. 餐飲業**

一家異國料理餐廳，希望提升來客數。你可以幫助設計 LINE 多頁訊息，包括品牌故事、主打餐點、限時優惠券、顧客評價，讓老闆能將訊息傳送至社群，吸引更多人來嘗鮮。

**案例 4. 營養師**

一位營養師想推廣個人品牌與健康諮詢服務。你可以設計 LINE 多頁訊息，包括飲食調整案例、免費體驗課程、營養知識分享，讓他透過社群發送，吸引想改善飲食習慣的客戶。

### 案例 5. 空調業者

一間專做空調安裝與維修的公司，想在夏季旺季前提升曝光。你可以提供一組 LINE 多頁訊息，包括常見空調問題、免費檢測服務、限時保養優惠，讓老闆能快速推廣，吸引潛在客戶。

### 案例 6. 衛浴設備業者

一家專賣高級衛浴設備的店家，希望拓展客戶群。你可以幫他製作 LINE 多頁訊息，介紹品牌特色、熱門產品、客戶見證，並提供「預約到店體驗」活動，讓他在社群中吸引對衛浴設備有興趣的客戶。

### 案例 7. 汽車銷售業

一位汽車業務員，希望提高試駕與成交率。你可以製作 LINE 多頁訊息，包含車款介紹、購車優惠、分期方案、試駕預約資訊，讓他能快速分享，吸引有購車需求的客戶。

### 案例 8. 連鎖飲料店

一家手搖飲品牌想推動新產品上市。你可以幫助設計 LINE 多頁訊息，介紹新品特色、限定優惠券、活動抽獎資訊，讓店員與加盟主分享至社群，提高來客數與話題性。

### 案例 9. 新創業者

一位手工甜點店老闆，正苦於不知道如何吸引客人。你可以主動提供一組專屬的 LINE 多頁訊息，包括店家介紹、招牌商品、優惠券、訂購表單、導航至取貨點等，讓他方便分享給潛在顧客。

### 案例 10. 活動策劃者

一位講師即將舉辦一場公開課程,但報名人數尚未達標。你可以為他設計一份專業的 LINE 多頁訊息,包括課程簡介、早鳥報名優惠、多人揪團折扣、學員好評等,讓他分享至社群或朋友圈,迅速吸引有興趣的學員。

這些案例透過 LINE 多頁訊息,不僅降低行銷成本,更能讓企業與個人快速接觸精準客戶,實現高效行銷!

### 2. 強調「零風險、高效能」的優勢

許多人對於「免費曝光」可能會抱持疑慮,擔心效果不佳或浪費時間。因此,在與關鍵影響者溝通時,需要強調這樣的合作方式對他們來說是完全沒有風險的,而且操作簡單,僅需幾分鐘就能完成。

**情境示範:**

- 「我可以免費幫你設計一份 LINE 多頁訊息,你只需要提供基本資訊,這樣你就能更輕鬆地分享自己的品牌,讓更多人認識你。」
- 「這個方式很簡單,你只要按轉分享,就能讓更多人看到你的服務,而且還能幫助你提升專業形象。」
- 「我們已經幫許多創業者、店家設計過,效果很好!而且你完全不用擔心會有任何費用或麻煩。」

### 3. 利用案例與社群證明效果

許多人願意相信「別人都在用的方法」,所以可以展示過往成

功的案例，或請已經合作過的影響者幫你推薦。

- 在社群上分享成功案例，例如：「這位講師用了LINE多頁訊息後，報名數提升了30%！」
- 如果有合作對象願意提供見證，可以放入多頁訊息內，讓新對象更有信心。
- 直接展示範例給對方看，讓他們更直觀地感受到效果。

## 三、透過關鍵影響者帶動人脈裂變

當這些關鍵影響者（Key Influencers）開始使用你的免費曝光資源時，他們的分享行為將自然而然地擴散到更廣泛的受眾，形成裂變式的影響力。

### 裂變機制的發生脈絡：

**裂變脈絡軌跡**

- 你幫助一位房仲免費設計了一個房產介紹的LINE多頁訊息。
- 他分享給潛在買家、同事、合作對象（同業、代銷業者、聯賣、委專任、配案）。
- 這些人發現這樣的資訊呈現方式很好用，也想要一份專屬的。
- 他們主動來找你，詢問是否可以幫助他們製作類似的內容。
- 你的人脈與影響力便持續擴展，形成正向循環。

## 四、插旗效應：佔據心智，先行者制勝

商戰如同攻城略地，誰先佔據關鍵山頭，誰就能在市場競爭中掌握主導權。這便是「插旗效應」──當你成功在客戶心智拼圖中搶占首位，建立習慣，後來者的挑戰將變得極為困難。

這種效應的底層邏輯來自於認知慣性與成本轉移。當客戶習慣你的產品或服務，他們的思考模式會被你的品牌框定，行為選擇也會逐漸固化。此時，轉換成本不只是金錢與時間，更包含心理抗拒——因為改變意味著學習新規則、適應新體驗，甚至面對風險。

因此，關鍵不在於短期獲取客戶，而是率先建立「使用慣性」，讓你的服務成為「理所當然」的選擇。一旦這面旗幟插下，競爭者想撼動它，將付出極高的代價。這，就是插旗效應的真正威力。

也就是說，你先行贈送客戶商業使用的 LINE 多頁訊息，你的競爭者將難以再以同樣方式接觸你的客戶。

---

影響力的擴展，靠的不是「單打獨鬥」，而是讓關鍵影響者樂於替你發聲。當你提供他們免費曝光的機會，而且是透過一種高效且無負擔的方式，他們不只願意接受，還會主動推廣你的價值。LINE 多頁訊息就是這樣的利器，它讓宣傳變得簡單、直覺，甚至有趣，幫助影響者解決問題，同時串聯更多人脈。當這種「免費曝光」策略獲得認可，影響者們會反過來（迴向定聯）尋求你的幫助，你的影響力，也將在這股裂變效應中，持續放大、無遠弗屆。

# 3-4
# 掌握人脈光擴效應

人脈的影響力，從來不是點到點的直線，而是一種光擴效應的魔法——當你影響了一個人，他又會影響更多人，如同一顆石子落入水面，漣漪層層擴散，影響力指數級增長。這不是靠運氣，而是精準佈局的結果。本章將帶你拆解人脈光擴效應的關鍵，如何讓影響不只是「停留」，而是「擴張」，讓你的話語、價值，透過每一個被你影響的人，向更大的世界蔓延開去。

## 一、人脈的光擴效應

在人脈的角度，光擴效應（Optical Expansion Effect）可以用來形容一個人的影響力如何透過關係網絡不斷擴展，從而影響更廣泛的人群。這類似於光線從一個點開始向外擴散，一個核心人物的影響力能夠透過人際互動，逐漸輻射到更大的圈層。

### 光擴效應在人脈上的應用

#### 1. 關係網絡的擴展（Networking Expansion）

當你結識了一個具有影響力的人（例如：業界領袖、KOL、創業家、社團幹部、專業人士），你的人脈光圈就可能開始擴展，因為這個人可以將你介紹給更多高價值的人脈，幫助你進入更高層次的圈子。

例如：小儒是一名保險業務員，他與一位商務社團社長建立了

良好關係。這位社長經常接觸高資產朋友圈，當小儒向社長定期提供專業的保單規劃指南，取得信任後，社長開始主動推薦小儒給更多企業主與高端客戶。

透過這樣的關係鏈，小儒不僅接觸到更多潛在客戶，還與會計師、房仲、律師等專業人士建立連結，讓他的保險事業形成一個高信任度的轉介紹網絡，業績與影響力自然不斷擴展！

### 2. 口碑與個人品牌（Personal Branding & Word-of-Mouth）

你的個人品牌（專業能力、影響力）就像是一個「光源」，當你的專業被更多人認可時，人脈圈會自動幫你推薦給其他人，進而帶來更多機會。

例如：某位設計師的作品受到一位知名企業主青睞，這位企業主可能會向其他企業推薦這位設計師，讓他的影響力逐步擴大。

### 3. 社群媒體與影響力（Social Media Influence）

在現代數位時代，人脈的擴張速度變得更快。透過社群媒體（如 LINE、IG、FB、Tiktok、YouTube……），一篇高質量的貼文或影片可以迅速傳播，讓你的個人品牌被更多人看到，從而吸引更多價值人脈主動接觸你。

例如：一位行銷專家在社群分享了一篇精闢的市場分析文章，結果被業內人士轉發，進而吸引更多高層人士關注，讓他的人脈圈層迅速擴展。

### 4. 人際關係的裂變效應（Relationship Multiplication）

當你幫助別人，或在一個社群中展現價值時，你的影響力會「像光一樣」向外擴散，因為別人會主動介紹更多人給你，讓你的

關係網絡呈現裂變式增長。

例如：阿豪熱衷環保，定期舉辦淨灘活動，邀請親友與社群夥伴參與。企業與學校也紛紛響應，甚至願意提供資金支持，讓淨灘行動從一個人擴展到一整個社區的力量，也因此阿豪的知名度迅速裂變。

### 5.貴人效應（Key Person Effect）

在人脈發展中，找到「關鍵人物」可以大幅提升你的影響力與機會，就像找到光源後，照亮範圍會瞬間變大。

例如：如果你是一名創業者，能夠獲得一位業界知名人物的支持，那麼你的創業項目可能會獲得更多曝光，甚至影響到更多投資者與客戶。

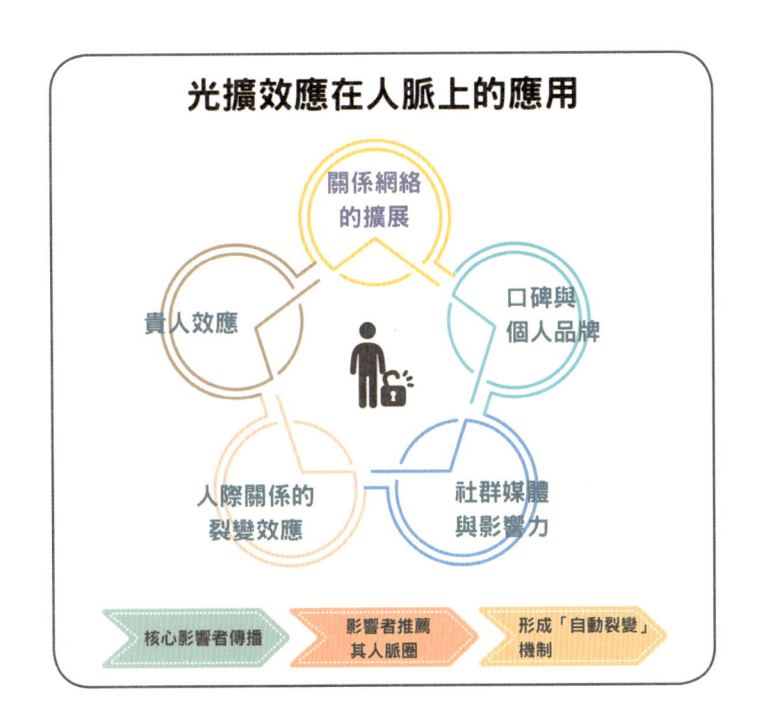

**光擴效應在人脈上的應用**

- 關係網絡的擴展
- 口碑與個人品牌
- 社群媒體與影響力
- 人際關係的裂變效應
- 貴人效應

核心影響者傳播 → 影響者推薦其人脈圈 → 形成「自動裂變」機制

#### 如何善用光擴效應拓展人脈？

- 積極參與活動（社團、商會、研討會、交流會……）
- 在社群媒體上建立專業形象，讓別人更容易發現你
- 主動提供價值，讓人脈圈願意幫助你擴散影響力
- 維護與關鍵人物的關係，讓影響力放大
- 培養高影響力的朋友，透過他們的光擴效應擴展你的人脈

## 二、如何善用人脈光擴效應放大影響力

掌握人脈光擴效應，需要掌握三個核心策略：

### 1. 精準選擇核心影響者

影響力的擴展取決於起點的強度，選擇適合的人作為起點，能讓你的影響更快擴展。

**挑選核心影響者的標準：**

- 他們擁有強烈的曝光需求，願意主動分享。
- 他們的人際圈廣泛，且影響力強（例如：企業主、社團領袖、講師）。
- 他們對你的工具或服務有高度需求，願意積極參與。

**行動建議**：找到你的目標影響者，主動提供免費的 LINE 多頁訊息服務，並鼓勵他們分享給圈內人。

### 2. 製造可分享的價值內容

如果你的內容沒有吸引力，影響者也不會願意分享。因此，必須確保提供的內容具有可分享性。

**製作高分享價值的多頁訊息：**

- **行業專屬內容**：例如：為房仲設計「最新房市趨勢」，為美容師設計「熱門髮型趨勢」等。
- **實用工具**：例如：「免費行銷技巧教學」或「企業經營策略指南」。
- **互動性元素**：加入「我要諮詢」、「領取優惠」等按鈕，提高使用者參與度。

### 3. 設定人脈傳播節奏與層次

透過適當的策略，讓你的影響力層層擴散，而不僅是單次傳播。

**傳播階段設計：**

**1. 第一階段：核心影響者傳播**

- 先讓一批核心影響者體驗你的多頁訊息工具。
- 他們自行測試並開始分享。

**2. 第二階段：影響者推薦其人脈圈**

- 核心影響者的朋友與客戶看到後，開始對你的工具產生興趣。
- 他們主動找你索取類似的服務。

**3. 第三階段：形成自動裂變機制**

- 當使用者越來越多，你的影響力開始自動擴展。
- 形成正向循環，影響力不斷累積。

### 三、案例分析：如何透過人脈光擴效應創造長尾影響

#### 案例 1：健身教練的口碑裂變
- 你協助一位健身教練製作一組專業的健身課程介紹多頁訊息。
- 他分享給學員，學員轉發給朋友，進一步吸引更多潛在客戶。
- 最終，他的學員數量提升。

#### 案例 2：美業商家的影響力放大
- 你幫助一家美容院設計了有「美容護膚懶人包」、「領取試用包」按鈕的多頁訊息，並提供折扣券。
- 客戶在社群中分享這份訊息，吸引更多人來店消費。
- 透過這種方式，店家每個月來客數增加。

---

人脈影響力，不是你一個人多會講、多會交朋友，而是能不能形成層層擴散的效應。說白了，就是你影響的人，能不能幫你影響更多人。這裡有三個關鍵：選對影響者、讓內容可傳播、拿捏好節奏。當這套機制跑起來，你的人脈就不再是零散的關係，而是一張越來越大的網，影響力不斷擴張。最終，這不只是社交，而是資源的流動，讓人脈成為真正的資本，帶來機會、價值，甚至是翻轉人生的可能。

# 3-5
# 深度連結 VS 廣度輻射：如何達到平衡效益

在資訊爆炸與人際關係高度連結的時代，深度連結與廣度輻射成為兩種核心的關係模式。深度連結強調與少數關鍵對象建立深厚的互動，而廣度輻射則主張拓展更多的關係網絡以增加影響力與機會。在商業、人際、學術甚至個人發展上，如何在這兩者間取得平衡，將直接影響個人與組織的成長。

## 一、深度連結的優勢與挑戰

深度連結（Deep Connection）是一種建立在信任、價值共鳴與長期互惠基礎上的關係模式。在這種模式下，個體或組織能夠透過長時間的互動與投入，建立穩固且可持續的關係。

**優勢：**

- 強化信任感與忠誠度：深度連結能夠帶來更高的信任感，使雙方在長期合作上更加穩固。例如：企業與客戶之間的忠誠關係往往來自於品牌持續提供價值並滿足需求。
- 更高的互惠價值：當彼此有更深層次的理解時，合作的效率與成果更容易提升，降低溝通與協作的成本。
- 買賣關係昇華至生態圈關係：與客戶持續長久信任、價值契合與長期價值共享，不只停留在買賣的顧客關係，更能昇華為互惠共生的生態圈關係。

**挑戰：**

- 關係建立耗時：深度連結需要長時間的投入與培養，這對於追求快速成長的個體或組織來說可能並不實際。
- 機會成本高：當專注於少數關鍵關係時，可能錯失與其他人或組織合作的機會。
- 適應變化能力較弱：如果環境快速變遷，而深度連結對象未能同步適應變化，可能會成為發展的瓶頸。

### 二、廣度輻射的優勢與挑戰

廣度輻射（Broad Reach）則是一種擴大影響力、拓展關係網絡的策略。這種模式更強調建立大量的輕度連結，透過頻繁的互動來提升曝光度與機會。

**優勢：**

- 增加機會與資源：擁有廣泛的人脈與資訊管道，更容易發現新的機會，例如：職場上的推薦、商業合作或產業鏈的資源共享。
- 適應市場變化：當市場環境快速變遷時，擁有更多的選擇與資訊來源能夠提高應變能力。
- 提升品牌與個人影響力：透過社群媒體（如 LINE、IG、FB、Tiktok、YouTube……）的互動與曝光，個人或企業更容易建立知名度，成為特定領域的影響者。

**挑戰：**

- 關係較為淺薄：廣度輻射可能會導致互動關係較為表面化，

難以獲得深入的支持或信任。
- 管理成本高：維持大量的人際互動需要較高的時間與精力成本，且容易出現管理困難的問題。
- 難以形成穩固合作：當互動對象過多時，真正能夠深入合作的對象相對較少，可能影響長期的發展。

## 三、如何達成平衡效益

在現今的環境中，單一地追求深度或廣度都可能帶來限制，因此最理想的策略是找到適合自身情境的平衡點。

### 策略一：核心一衛星模式（Core-Satellite Model）
**這種模式將人際關係與資源分為兩層：**

- 核心關係（Core）：與少數深度連結的夥伴維持長期穩固的合作，作為發展的基礎。
- 衛星關係（Satellite）：與較多的淺層連結對象維持互動，拓展資訊來源與機會。

例如：一家企業的核心客戶是長期合作的大客戶，而衛星客戶則是經由市場行銷吸引的新客戶，透過持續互動，部分衛星客戶可能逐步轉變為核心客戶。

### 策略二：需求導向的關係管理
**在不同的情境下，採取不同的策略。例如：**

- 在產品開發或長期合作中，深度連結更為重要。
- 在市場拓展或品牌推廣時，廣度輻射能夠帶來更好的效果。

透過靈活調整策略，可以讓關係管理更具彈性。

### 策略三：數位工具的運用

- 數位時代提供了更多管理關係的工具，如 CRM（客戶關係管理系統）、社群媒體、LINE 多頁訊息等，這些工具可以幫助個人與企業更有效地維持廣度輻射的同時，確保核心關係的穩定發展。

### 策略四：平衡投入時間與資源
**制定明確的時間與資源分配策略，例如：**

- 每週固定時間與核心關係對象進行深度交流。
- 透過社群工具（如 LINE 定聯行銷、社群媒體發文或短影片曝光）維持廣度輻射，建立人設與品牌定位。

這種方式能夠最大化時間利用率，確保兩者皆能發揮效益。

---

深度連結與廣度輻射各有優勢與挑戰，沒有絕對優劣之分。最關鍵的是根據自身的目標、資源與情境，找到最適合的平衡點。透過核心—衛星模式、需求導向的關係管理、數位工具的運用以及時間資源的有效分配，可以在不同的情境下實現最大效益。

無論是個人職場發展，還是企業經營策略，能夠靈活應對並找到合適的平衡，將是未來成功的關鍵。

# 人脈經營之深度連結VS廣度輻射
## 如何達到平衡效益策略

**1 核心/衛星模式**
- 核心(長期穩固合作)
- 衛星(淺層連結對象)

**2 需求導向的關係管理**
- 產品開發或長期合作
  →深度連結重要
- 市場拓展或品牌推廣
  →廣度連結重要

**3 數位工具的運用**
- 社群媒體、LINE多頁訊息…
  →維持廣度輻射、核心關係的穩定發展

**4 平衡投入時間與資源**
- 制定明確的時間與資源分配策略

# 3-6
# 個人節點的垂直經營與水平經營

在個人網絡經營中，影響關係深度與進度的兩大關鍵因素是垂直（D → C → B → A）與水平經營（銷售流程）。這兩種經營方式對於人際關係的管理至關重要，不僅影響我們與客戶之間的信任程度，也直接決定了銷售或合作的最終結果。

**垂直經營：**

指的是我們與客戶之間的關係溫度，從陌生人到忠實客戶，隨著互動與價值交換的增加，關係逐步升溫，最終達到高度信任與長期合作的狀態。

**水平經營：**

則是客戶在銷售流程中的相對進度，以保險業為例，包括準客戶開發、電話約訪、需求分析、建議書設計、方案說明與成交、客戶服務等六大流程。每個客戶都處於不同的進度階段，如何有效推動他們前進，是水平經營的關鍵。

透過有效的垂直經營與水平經營策略，我們可以在關係深度與銷售效率之間取得最佳平衡，提升客戶轉換率並增強市場競爭力。

## 一、垂直經營：從冷到熱，提升客戶關係溫度

在關係管理中，「溫度」是衡量客戶與我們之間熟悉度與信任度的重要指標。根據客戶關係的發展，垂直經營可分為以下幾個層級：

**1. 冷客戶（D 陌生人）**：完全沒有互動或僅有初步接觸，對我們的產品或服務沒有認知，信任度為零。

**2. 溫客戶（C 潛在客戶）**：對我們的產品或品牌有一定了解，可能表達過興趣，但尚未產生實質購買行為。

**3. 熱客戶（B 準客戶）**：已經進入溝通階段，開始考慮購買或合作，對我們的信任度較高。

**4. 忠實客戶（A 口碑客戶）**：成功成交且對我們的產品或服務感到滿意，願意持續購買或推薦給其他人。

### 提升客戶溫度的策略

要讓客戶從「冷」轉變為「熱」，我們可以運用以下策略：

**1. 提供價值內容**：透過社群媒體、LINE 多頁訊息行銷等方式定聯，持續提供有價值的內容，讓客戶對我們產生信任感與興趣。

**2. 建立個人品牌**：在行業內樹立專業形象，透過專業分享、講座、顧問服務等方式，增加客戶對我們的信賴。

**3. 客製化互動**：根據客戶的需求，提供客製化的建議與服務，讓他們感受到專屬關懷。

**4. 口碑與社會認證**：透過推薦、客戶見證與成功案例，建立信任感，讓客戶更容易轉變為忠實支持者。

當我們成功提升客戶的溫度，他們不僅會成為長期客戶，還可能主動為我們介紹新客戶（口碑行銷），進一步擴展我們的人脈網絡。

## 二、水平經營：掌握客戶在銷售流程中的位置

除了建立穩固的信任關係，我們還需要讓客戶在銷售流程中持續推進，最終達成成交並維持長期合作。在保險行銷或其他銷售情

## 個人節點的垂直經營
### 從冷到熱，提升客戶關係溫度

- 目前人數 50人 — 忠實客戶（A口碑客戶）
- 目前人數 60人 — 熱客戶（B準客戶）
- 目前人數 70人 — 溫客戶（C潛在客戶）
- 目前人數 80人 — 冷客戶（D陌生人）

**客戶從「冷」轉變為「熱」策略**

1. 提供價值內容
2. 建立個人品牌
3. 客製化互動
4. 口碑與社會認證

CRM系統依服務項目分數自動計算人數示意圖

境中,水平經營主要涵蓋以下六大流程:

**1. 準客戶開發:**透過市場研究、人脈推薦、網路行銷等方式,發掘潛在客戶。

**2. 電話約訪:**透過有效的話術與策略,成功安排與客戶的初步會面或深入溝通機會。

**3. 需求分析:**了解客戶的痛點並蒐集資料,引發其需求與期望,找出最合適的產品或解決方案。

**4. 建議書設計:**根據客戶需求,制定客製化的方案,並準備相關資料與優勢說明。

**5. 方案說明與成交:**與客戶進行詳細溝通,排除疑慮、專業演繹商品的特色魅力,最終促成交易。

**6. 客戶服務:**

**6.1** 成交前的價值提供,用專業知識、真實案例、免費諮詢等方式,讓客戶產生信任,促進成交。

**6.2** 成交後的關係維護,確保客戶滿意度,並促成後續合作或推薦新客戶。

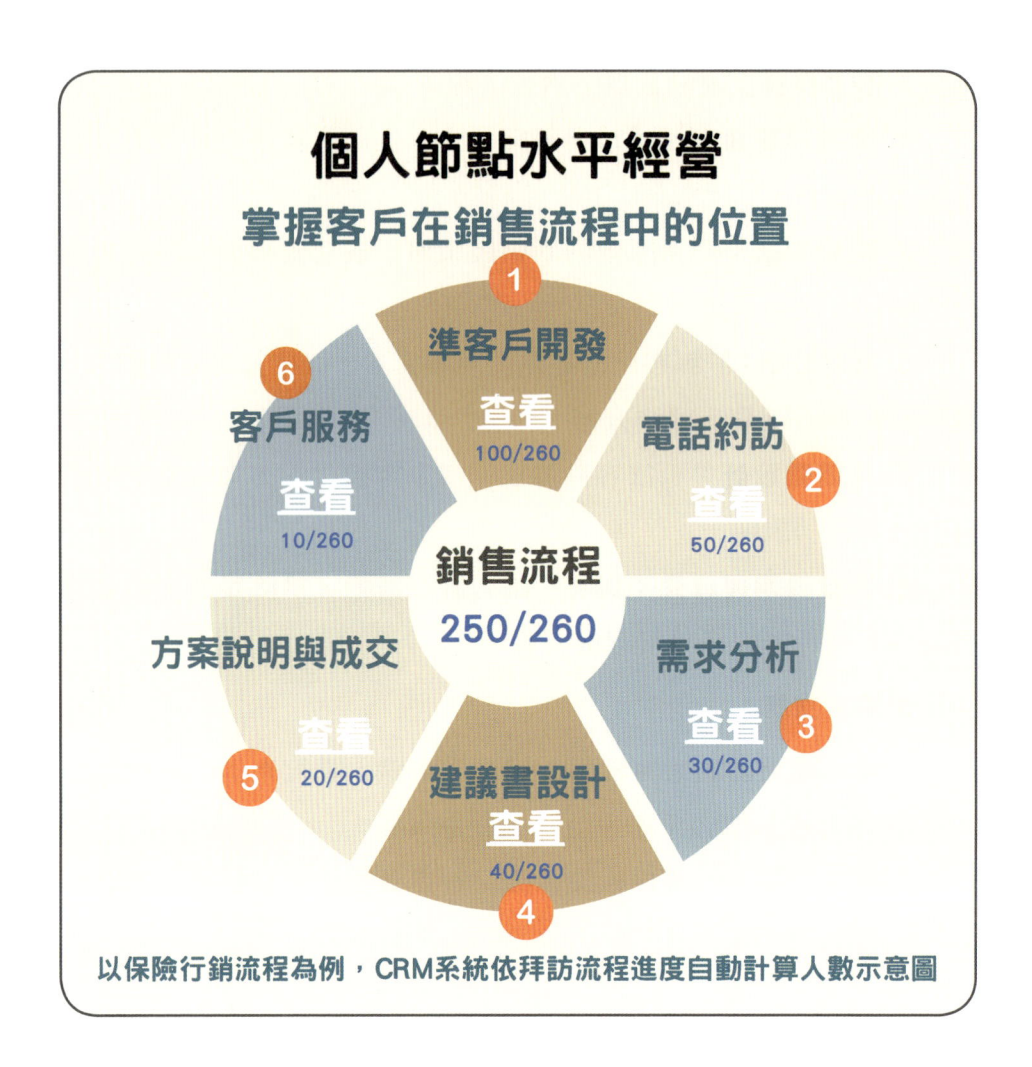

## 個人節點水平經營
### 掌握客戶在銷售流程中的位置

1. 準客戶開發 查看 100/260
2. 電話約訪 查看 50/260
3. 需求分析 查看 30/260
4. 建議書設計 查看 40/260
5. 方案說明與成交 查看 20/260
6. 客戶服務 查看 10/260

銷售流程 250/260

以保險行銷流程為例，CRM系統依拜訪流程進度自動計算人數示意圖

### 如何加速客戶在銷售流程中的進展？

為了提高成交效率，我們可以採取以下方式：

**1. 快速辨識客戶需求：**

快速辨識客戶需求的關鍵在於精準提問、情境帶入與觀察反應，讓客戶在不知不覺中透露最真實的需求。

**2. 提高約訪成功率：**

運用信任背書（如介紹人推薦）、提供明確的價值點，提升客戶願意接觸的可能性。

**3. 簡化決策過程：**

提供清楚的產品比較、見證案例與優惠方案，幫助客戶快速做出決策。

**4. 強化成交前的心理建設：**

在方案說明階段，使用故事行銷、數據分析與專業建議，增強客戶的購買信心。

**5. 完善售後服務：**

確保成交後的服務體驗良好，避免客戶流失，並增加轉介紹的機會。

成功的水平經營不僅讓客戶順利完成購買，更能提升整體的成交轉換率，讓業務發展更加穩定。

## 三、垂直經營與水平經營的協同效應

垂直經營與水平經營並非獨立存在，而是互補關係。客戶關係管理與高效的銷售，必須同時兼顧兩者的發展：

- 垂直經營提供基礎信任：即使銷售流程再完善，如果客戶對我們沒有足夠的信任，他們仍然不會採取行動。因此，良好的客戶關係是成交的關鍵。
- 水平經營推動成交進程：即使客戶關係再穩固，如果沒有清晰的銷售流程與推動策略，也可能無法成功成交。

### 如何整合兩者？

**1. 針對不同客戶群體制定策略：**

對於冷客戶，先專注於垂直經營，讓他們產生興趣與信任；對於已建立信任的客戶，則集中於水平經營，推動成交。

**2. 透過數據分析優化流程：**

使用 CRM（顧客關係管理系統）、客戶關係溫度計等工具追蹤客戶互動數據，分析哪些策略最有效，並進行持續優化。

**3. 創造價值鏈：**

在「客戶成功（Customer Success）」旅程中提供持續的價值，如專業建議、免費資源與獎勵機制，使客戶更願意前進下一步。

「人脈，不是溫度太高讓人燙手，也不是進度太快讓人卻步」

建立人脈，很多人陷入兩種極端——太熱情，讓人想逃；太急著成交，讓人戒備。真正專業的人，懂得在關係的溫度與銷售的進度之間拿捏平衡。

> 關係溫度，來自真誠互動，不是每次見面都在談生意，而是先讓對方覺得：「這個人，我願意信任」。銷售進度，來自精準節奏，知道什麼時候該讓對方舒服地前進，而不是被推著走。
>
> 一段關係，既能帶來商業機會，又能長久維持，這才是最有價值的人脈網絡。因為最好的成交，不是來自努力說服，而是對方終於說：「好，我就找你了！」

# chapter 4

# 迴向式定聯讓價值循環雙向回報

人脈的極致，不是你追著客戶跑，而是客戶願意主動回來找你，這就是迴向式定聯的魅力。當你提供的價值不只是「服務」，而是一種無法割捨的「體驗」，客戶自然會定期回流，甚至帶著新朋友一起來。這不只是交易，而是雙向回報的價值循環—你給出的溫度，最後都會回到你身上，讓你的影響力不再是一道閃光，而是一盞恆久的燈。

- 4-1 成為讓人想主動接近的對象
- 4-2 讓關係網層層疊加
- 4-3 定聯的力量：如何將短期互動轉化為長期價值
- 4-4 關係互助銀行：打造讓人信賴的情感資產
- 4-5 從關係消耗到關係增值：用 LINE 多頁訊息打造你的影響力資產
- 4-6 裂變引擎：讓人脈自動循環增長的技術

# 4-1
# 成為讓人想主動接近的對象

在人際關係的遊戲裡,最有魅力的人,一定是別人想主動靠近的人。當你的個人價值被認可,人脈就不再是疲憊的經營,而是一種優雅的吸引。這不是靠著刻意討好,而是讓自己成為值得接近的人——有趣、有內容、有溫度。當人們願意主動找你,連結就不只是消耗,而是產生雙向回報的資產。這時,你的影響力將不只是存在,而是流動、擴散,讓機會自己走向你。

在這一章,我們將探討如何透過價值輸出、信任建立、關係維護、情感連結,甚至心理學與行為模式的應用,讓你成為讓人願意主動接近的對象,進而實現「迴向式定聯」的關係模式。

## 一、先給予價值,才會獲得回報

在人際互動中,最根本的原則就是「先給予,後獲得」。這與「互惠原則」(Reciprocity Principle)密切相關,人們本能地會對幫助過自己的人產生回報的心理。

### 1. 一般給予:提供有價值的資訊或資源

如果你能夠不斷提供有價值的資訊、機會或資源,例如:市場趨勢、專業知識、內部消息等,那麼你的價值就會被認可,讓人願意主動聯繫你,甚至回報你的幫助。

### 2. 進階給予；無私的支持與協助

當你在他人需要幫助時，願意伸出援手，無論是提供建議、引薦資源、解決問題，或僅僅是陪伴與支持，這些行動都會加深對方對你的信賴，讓對方在未來更願意幫助你。

### 3. 高級給予：為他人創造機會

引薦人脈、推薦工作機會、協助曝光，這些都能增加你的「社會影響力資本」，當你的影響力夠大，幫助過的人越多，你的價值越難被忽視，形成正向循環。

## 二、建立值得信賴的個人品牌

人們只會願意主動幫助值得信賴的人，這意味著你必須在他人心中建立穩固的信任。

### 1. 一致性原則（Consistency Principle）

無論是在專業領域、社交場合，還是個人生活中，保持一致性非常重要。如果你今天說一套、明天做一套，或是在不同圈子展現不同的價值觀，人們就難以信任你。

### 2. 守時、誠信、負責任

這些基本素養決定了他人是否願意長期與你合作。如果你能夠準時赴約、履行承諾、願意對事情負責，別人自然會對你產生信賴感。

### 3. 透明與真誠

人們更願意幫助真誠、坦率的人，而非充滿心機或刻意討好的人。真誠的交流、開放的態度，會讓他人更願意與你產生連結。

## 三、讓關係從「交易」變成「情感連結」

單純的利益交換很容易斷裂，真正長久的關係是建立在情感基礎上的。

### 1. 關心對方，而非只是關心自己的需求

不要只在需要幫助時才聯絡別人，而是要主動關心對方的需求。例如：當對方面臨挑戰時，適時提供關心或協助；當對方達成某個成就時，主動表達祝賀。

### 2. 人情存摺：讓關係長期積累

每一次的小小善意都像是在對方的「人情存摺」中存入一筆資本，當你的存款夠多，自然會有回報的時候。

### 3. 創造共同經歷與回憶

共同經歷的事情，無論是合作、旅行、學習、活動，或是解決問題，這些經歷都能加深彼此的關係，讓對方對你的印象更加深刻。

## 四、提高個人影響力，吸引他人主動幫助

如果你在某個領域擁有影響力，人們會更願意主動接近你、幫助你，因為這不僅是對你的支持，也是一種與你連結的方式。

### 1. 提升專業能力，成為行業中的資源點

當你成為某個領域的專家或意見領袖，別人就會更願意主動幫助你，因為你的影響力能夠帶來額外的價值。

### 2. 經營個人品牌與社群

透過社群媒體、短影音、論壇等管道，持續分享你的觀點與價值觀，讓更多人認識你，進而願意主動接觸你。

### 3. 結合群體效應，讓影響力擴散

加入社群、社團、商會、組織，或是主動建立一個小圈子，當你在群體中擁有影響力時，人們自然會更願意主動接觸與協助你。

## 五、讓「迴向式定聯」自然發生

當你持續提供價值、建立信任、加深情感連結、提升影響力，最終的結果就是迴向式定聯的發生。也就是說，當別人有機會或資源時，會第一時間想到你，主動聯繫你。

這種「主動迴向聯繫」的過程，就是人際關係中最強大的力量之一。

### 1. 持續耕耘，而非一次性互動

許多人際關係的錯誤在於「短期交易思維」，而非長期經營。如果你希望人們主動幫助你，就必須長期投入，而不是僅在需要時才出現。

### 2. 讓自己成為連結者

當你能夠連結更多人，提供更多價值時，你的角色就不只是「受助者」，而是「影響者」，這樣的角色會讓更多人願意主動聯繫你。

### 3. 讓人對你產生「稀缺性需求」

當你的價值足夠高，甚至成為某個領域的「不可取代者」，人們不僅會主動聯繫你，甚至會願意積極地提供幫助。

## 成為讓人想主動接近的對象（吸引）

**先給予價值，才會獲得回報**
- 一般給予
- 進階給予
- 高級給予

**「迴向式定聯」自然發生**
- 持續耕耘
- 自己成為連結者
- 產生「稀缺性需求」

**建立值得信賴的個人品牌**
- 一致性原則
- 守時、誠信、負責任
- 透明與真誠

**提高個人影響力吸引他人主動幫助**
- 成為行業中的資源點
- 經營個人品牌社群
- 結合群體效應

**關係從「交易」變成「情感連結」**
- 關心對方
- 人情存摺
- 創造共同經歷與回憶

---

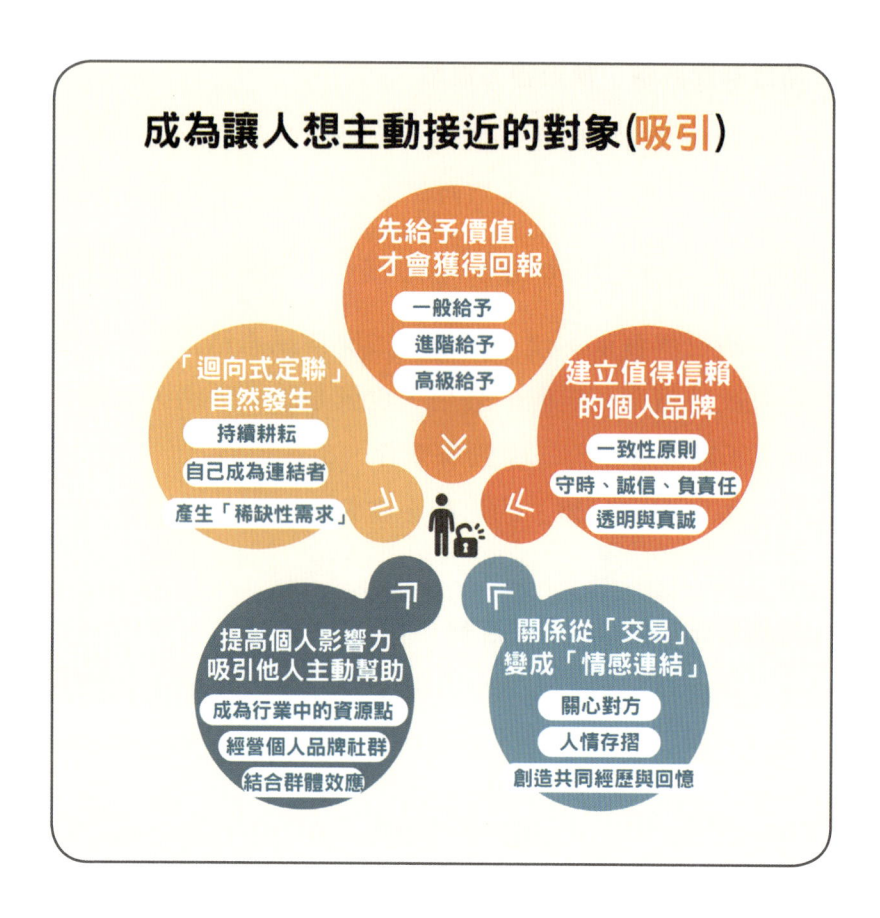

　　成為讓人願意主動幫助的對象，不是一蹴可幾的，而是長期經營的結果。從提供價值開始，建立信任，轉化為情感連結，最終形成自然的「迴向式定聯」，這才是真正有效的人際關係經營方式。

　　當你越來越能夠讓他人認同你的價值，並且願意主動幫助你時，你就掌握了人際關係中最核心的影響力，進而讓你的關係網絡形成自動循環的雙向回報模式。

# 4-2
# 讓關係網層層疊加

　　經營人脈，不能只滿足於單點連結。那只是起步，還稱不上格局。真正高段位的，是把點連成網，把網織成鏈。人際關係的擴展，不是亂槍打鳥地累積聯絡人，而是有策略、有邏輯地層層疊加。你要的是一張既有深度又有廣度的關係網，能互通資源、延展影響，最終形成一條韌性十足的資源鏈。這樣的網，不怕風浪，還能帶你走得更遠、站得更穩。這，才是人脈經營的長遠之道。

## 一、什麼是關係網的層層疊加？

　　關係網層層疊加指的是透過策略性地建立與維繫關係，使人際網絡能夠自然地向外擴展，並在不同層次上發揮效應。這種疊加效應讓你不僅能夠與直系關係建立互動，還能透過他們的網絡觸及更多潛在資源與機會。

　　舉例來說，當你與某位客戶建立深厚的信任關係後，他可能會主動向他的朋友、同事或商業夥伴推薦你，這種推薦效應就形成了第一層疊加。當這些被推薦的人開始與你建立聯繫，並進一步推薦給他們的關係網絡時，便產生了第二層疊加。如此一來，原本的一個關係點，就能透過層層連結，逐步擴展成龐大的人際網絡。

　　這種模式的關鍵不僅是累積數量，更是確保每個關係點都能夠帶來穩固的連結，形成真正的價值網絡，而非只是淺層的人脈名單。

## 二、層層疊加的三大核心要素

要讓關係網真正能夠層層疊加，必須掌握以下三大核心要素：

### 1. 價值傳遞：讓人願意分享與推薦

人們願意幫助你拓展關係的前提，是他們認為這樣做對自己或他人有益。因此，你需要確保你的產品、服務、專業能力或個人價值，能夠真正幫助到他們，甚至能夠成為他們與他人互動時的附加價值。

例如：當你的服務能夠有效解決客戶的問題時，他們不僅願意持續與你合作，還會自發性地向身邊人推薦，因為這樣做能讓他們在社交網絡中展現自己的資訊價值，進而提升他們的影響力。

### 2. 信任累積：建立長期的互動與穩定關係

關係的拓展並非立竿見影，而是需要透過時間與互動來累積信任。這意味著你需要保持持續的溝通、誠信經營，並確保在關鍵時刻提供價值。

例如：一位保險業務員若能夠在客戶的不同人生階段（如結婚、生子、創業等）提供適時的保障建議，並且不只是為了銷售，而是真正站在客戶立場思考，他就能在客戶的心中建立深厚的信任，甚至讓客戶願意主動介紹更多人給他。

### 3. 網絡效應：讓關係網絡自動擴展

當關係建立到一定程度後，網絡效應將會開始發揮作用。這意味著，你不再需要主動拓展每一個人脈，而是你的現有網絡會自發性地擴展你的影響力。

舉例來說，在社群媒體上，你的某篇文章或分享若能夠引發共鳴，並被廣泛轉發，就能觸及到更多尚未認識你的人，這種擴散效應能夠讓你的影響力迅速增長。

## 三、層層疊加的策略與方法

如何具體實現關係網的層層疊加？以下是幾種關鍵策略：

### 策略 1：善用「火苗效應」模式

「火苗效應」模式指的是將你的關係網分為火種圈層與燎原圈層。：

- **火種圈層**：包含與你有深厚信任基礎的關鍵人脈，如長期客戶、事業夥伴、推薦者等。
- **燎原圈層**：包含透過火種圈層火勢蔓延的方向與區域的新關係，如潛在客戶、二度人脈、社群媒體粉絲等。

透過這種方式，你可以確保火種圈層的關係穩定，並且讓燎原圈層不斷擴張，最終形成層層疊加的結構。

### 策略 2：運用「社群影響力」來擴展網絡

現今的社群媒體時代，你可以透過專業內容分享、社群互動、活動參與等方式，讓你的影響力自然擴展。例如：

- 經營專業領域的社團或社群（如 LINE、IG、FB、Tiktok、YouTube……）專頁，讓更多人透過內容認識你。
- 定期舉辦線上或線下交流會，邀請你的關鍵人脈帶朋友來參加。

- 參與社團、社群舉辦的各種活動,透過貢獻價值來吸引新的人脈。

### 策略 3:設計「推薦與回報機制」

若希望客戶或夥伴主動幫助你擴展人際網絡,可以設計一些激勵機制,例如:

- 提供推薦獎勵,讓介紹新客戶的老客戶獲得額外的價值。
- 設計「互惠互利」的合作方案,讓雙方都能從推薦關係中受益。
- 在社群媒體上,鼓勵用戶標記朋友參與討論,增加關係擴散的機會。

### 策略 4:定期經營與維護關係

關係的疊加需要持續的經營與維護,否則即使擁有龐大的人脈,也容易因為缺乏互動而流失。因此,定期與人脈保持聯繫,例如:

- 透過個人化的問候、感謝訊息來維繫感情。
- 針對不同群體,定期提供有價值的資訊或服務。
- 不定期邀請人脈聚會,讓彼此之間的關係更緊密。

### 策略 5:LINE 的品牌名片贈送與互動

透過贈送對方 LINE 的品牌名片,在製作的過程可產生多次互動的機會,參與客戶之商業模式討論,進而演化為合作信任關係,防止「客戶關係逃脫」。例如:

- 客戶需新增或更新頁面資訊,如新品上市、型錄更新、職銜變更、活動檔期上下架⋯⋯,皆需要迴向找你修改,增

進關係定著。

- 直接可以與客戶討論其產業之商業模式，這種互動關係一旦佔據，競爭者將很難介入，這種關係具有排他性，對手很難趁虛而入。
- 允諾曝光次數（轉分享），藉由多人轉分享產生裂變效果，並結合「人脈矩陣串聯」策略，達成人脈幾何級曝光。

## 讓關係網層層疊加
### 三大核心要素、五大策略與方法

**【三大核心要素】**
- 價值傳遞：讓人願意分享與推薦
- 信任累積：建立長期的互動與穩定關係
- 網絡效應：讓關係網絡自動擴展

**【五大策略與方法】**
- 善用「火苗效應」模式
- 運用「社群影響力」來擴展網絡
- 設計「推薦與回報機制」
- 定期經營與維護關係
- LINE的品牌名片贈送與互動

關係網的層層疊加是一種策略性的經營，而非單純的數量累積。透過價值傳遞、信任累積、網絡效應等核心要素，搭配「火苗效應」、社群影響力擴展、推薦機制與定期關係維護、LINE的品牌名片贈送與互動，你可以建立起強大的關係資源，讓你的影響力與機會持續增長。

　　在數位化與社群化的時代，關係的價值將遠超過個人能力的極限，唯有善加運用這些策略，才能讓你的人際網絡成為真正可持續發展的資產。

# 4-3
# 定聯的力量：
# 如何將短期互動轉化為長期價值

在關係經營的世界中，真正的價值不在於一次性交易的完成，而在於能否將短期互動轉化為長期連結，從而累積成可持續的信任與資源網絡。而「定聯」正是這種關係升級的關鍵手段。

所謂「定聯」，指的是在互動後持續保持有節奏、有價值的聯繫，最終達成「迴向式定聯」的理想狀態——客戶或人脈願意主動回來找你、主動分享、主動介紹，形成一種關係的自我循環。而這不僅是一種人際經營的藝術，更是一套極具實效性的策略工具，能為個人與企業創造超越競爭者的優勢。

## 一、定聯的真正價值：超越單次互動

現代人面臨龐大的資訊量與有限的注意力，一次互動往往轉瞬即逝。你可能與一位潛在客戶有過一次愉快的對談，但若沒有後續的連結維持，這段互動很快就會被其他資訊取代。因此，如何將這次接觸轉化為一段持續關係，才是關鍵。

### 定聯的力量在於：

- 降低遺忘風險：持續出現，就能佔據對方腦中的一塊「品牌位置」。
- 提高再次互動機率：當對方有相關需求時，你會成為第一聯想到的解決方案。

- 建立長期信任感：透過一段時間的持續提供價值，對方會由「觀察你」轉為「信任你」。

這種關係的養成並非速成，而是一種長期經營、逐步累積的過程。它不是被動等待客戶回頭，而是主動創造讓對方願意回來的條件，也就是「迴向式定聯」的精髓。

### 二、成功的定聯，來自「利他」的設計

定聯不是硬性的銷售，而是價值的傳遞與情感的經營。因此，「利他」是定聯策略中最重要的出發點。

若你在每次聯繫中，總是以「我想賣你什麼」為出發，對方自然會有防備；反之，如果你能不斷提供對方真正需要的資訊、工具、啟發，對方會逐漸從接收者轉為主動參與者，甚至成為推廣者。

以下是一些「利他定聯」的實用方法：

- 分享對方有興趣的產業趨勢、成功案例、操作工具。
- 設計「LINE 多頁訊息」的主題式推播，讓每一次出現都像是一次有價值的懶人包、資訊乾貨。
- 定期提供限時免費的小服務或諮詢，讓對方不再只是觀眾，而是參與者。

「利他定聯」的關鍵不在於內容的數量，而在於內容的「對應性」——是否能對應對方此刻的需求、情境與價值觀，這是連結深化的核心。

### 三、綁規格策略：打造「回來找你」的誘因

定聯若能搭配「綁規格策略」，更能有效促使對方主動回來。

所謂綁規格，指的是讓對方習慣依賴你提供的某些特定資源或服務，使你的存在變成其成功流程的一部分，而且是競爭對手無法做到。這種策略可見於許多行業，例如：

- 保險顧問透過定期的保單健檢、年度財務檢查，讓客戶每年都習慣性地回來聯繫。
- 行銷顧問定期更新產業演算法變動報告，讓客戶依賴其洞察來調整策略。

當你提供的是「成功關鍵領域」的專業服務，你就能創造出無可取代的價值地位，成為業界的標竿。若你能將這些價值進一步「標準化」成固定週期的聯繫內容，就能有效形成穩定的回訪機制，讓「一次性互動」變成「週期性需求」。

例如：保險顧問，星期一提供保險小百科、星期二提供理財資訊、星期三提供健康小撇步、星期四提供資產傳承或保單關係人安排策略與案例、星期五提供生活旅遊娛樂資訊，或者主題性、季節性、突發重大事件、特殊紀念日問安……等標準化的聯繫內容。

## 四、市場區隔與定聯節奏：不同對象，用不同方式定聯

在定聯的過程中，若無法有效區分人群，很容易造成資源浪費，甚至引起反感。因此，依據市場區隔設計不同的定聯策略，是成功的關鍵。

可採用 A-B-C-D 分級系統，針對不同層級設計不同的互動方式：

- **A 級（高信任＋高需求）**：安排定期一對一對話或深度內容分享，可每週固定聯繫。
- **B 級（中信任＋潛在需求）**：以 LINE 多頁訊息或主題月報

維持觸達,每兩週一次即可。
- C 級（低信任＋未知需求）：透過社群、LINE 多頁訊息等方式進行廣度輻射,持續觀察互動跡象,每月一次即可。
- D 級（低信任＋低關聯）：可放入被動經營清單,不主動干擾,但保留資訊觸達機會,每 1.5 個月一次即可。

這樣的分類可以幫助你把有限的時間與精力放在最有價值的對象上,同時又不失去對潛在人脈的長尾經營。

### 五、LINE 多頁訊息：低干擾、高價值的定聯利器

在數位環境下,要達到有效的定聯,LINE 多頁訊息是一個極具威力的工具。它能在不造成對方過度打擾的情況下,傳遞有價值的內容。

**多頁訊息的優勢包括：**

- 模組化設計：可依照對象需求設計不同頁面,做到高度客製化。
- 提高點閱率：比起單一訊息,多頁更容易吸引目光並提高互動。
- 可視化吸引：透過影片、圖文編排,讓專業內容更容易被理解與轉傳。

搭配「名單標籤」、「群組」分群等功能,更能針對不同市場區隔進行精準觸達,實現高效率的定聯流程。

### 六、讓價值自己說話：從「單向定聯」到「迴向式定聯」

真正高效的人脈經營,絕不是你一直去追,而是對方願意主動

找你。而這正是「迴向式定聯」的魅力所在。

當你長期提供價值、建立情感、穩定觸達，最終會觸發以下三種回應模式：

**1. 回頭互動**：主動提問、尋求協助或邀約。

**2. 主動轉介紹**：把你推薦給朋友或客戶。

**3. 參與共創**：邀你一起商業合作或投資。

這些「迴向行動」的發生，不只是關係深化的指標，更是你價值被市場認可的證明。而這樣的信任與互動，遠比一次成交更有價值，也更能創造長期的競爭者優勢。

### 從互動到信任，從信任到迴向

「定聯」這兩個字，聽起來像是單純的聯繫，其實真正厲害的地方，是關係的設計感。它不是偶然的寒暄，而是透過利他的思維、好用的定期化內容模組、LINE的工具、加上市場分級的精準策略，把原本零零散散的接觸，編織成一張有邏輯、有節奏的網。這張網，會讓你變成那種——別人主動想聯絡、願意伸出手幫忙的人。當人際互動從「我一直找你」變成「你也會找我」，真正的價值網絡，才開始運作。這，就是定聯真正的魅力。

## 定聯的價值：「迴向式定聯」
### 如何將短期互動轉化為長期價值

**定聯的真正力量**

短期互動 →
- 降低遺忘風險
- 提高再次互動機率
- 建立長期信任感

持續提供價值 → **長期價值** → **迴向式定聯**

# 4-4
# 關係互助銀行：
# 打造讓人信賴的情感資產

在每一次互動中，我們其實都在一個無形的「關係帳戶」中存入或提領信任。這個帳戶，就是「關係互助銀行」——它不以金錢為交易媒介，而以信任、情感與價值為交換單位。

你今天是否能在關鍵時刻獲得他人支持，關鍵並不在你有多厲害，而在你過去是否已在彼此的情感資產中，存入了足夠的信任與價值。這就是「關係互助銀行」的本質：不是臨時抱佛腳，而是長期的、有節奏的、利他導向的關係經營。

而這個概念，正是「迴向式定聯」的深化版本。你希望對方主動聯繫你，介紹朋友給你、分享資訊給你，那麼你必須先在對方心中種下一個信任的錨點。接下來，我們將從三個角度解析：如何建立、儲值與提領這個情感資產帳戶，讓關係成為你最可靠的助力來源。

## 一、什麼是「關係互助銀行」？

「關係互助銀行」是一種長期價值經營的思維模型，假設我們與每個人之間都有一個「情感資產帳戶」，在每一次的互動中，我們都在對方心中「存入」或「提領」資源。

當你主動提供幫助、分享資訊、記得對方的需求、適時給予回饋時，就是在「存入」；反之，當你請求協助、提出要求或需要對

方支持時，就是在「提領」。

若帳戶裡早已累積豐富，自然可以輕鬆提領、甚至獲得超預期的回報。但若平時毫無經營，只在自己需要時才聯絡對方，往往換來的是冷淡甚至抗拒。

這正是許多業務或創業者會遇到的困境：人脈表面很多，但當需要合作、引薦或支持時，卻發現少有人真正願意出手幫忙。（存款不足無法提領）

## 二、三種「**存款行為**」，打造情感資產

關係的存款並不只是「對你好一次」那麼簡單，而是有策略、有系統地「定聯」，以創造信任與好感的累積。以下三種是最有效的存款方式：

### 1. 利他資訊提供：內容即資產

- 運用 LINE 多頁訊息，定期推播對方「真正在意」的內容：產業趨勢、個人發展、健康理財、教育資訊等。
- 舉例：你是一名保險業務，除了保單資訊外，你也可以每週提供「小資族如何在 30 歲擁有一桶金」的系列內容，讓對方感受到你的廣度與用心。

這類內容的價值在於，不是立刻成交，而是讓對方習慣從你這裡獲得好東西。

### 2. 精準的情感關懷：讓對方感受到你有在「記得」他

- 生日時不是一句「生日快樂」就好，而是加上一句根據去年對話記憶的回顧：「去年你說要完成自由潛水執照，這

一年有去實現嗎？」
- 利用 CRM 工具、LINE 標籤、行銷筆記，紀錄對話重點與需求。

這是一種低成本、高溫度的方式，讓你在對方心中建立情感信任。

### 3. 連結資源或主動協助：實質幫助建立正向循環

- 當對方發出需求時（例如：在社群上詢問某項資訊），你即時提供連結、推薦書單、介紹人脈，就是一次資源存入。
- 你幫助的人可能不會立即回饋你，但你的信任帳戶，已悄悄升值。

記住：不求馬上回報，只求建立信任感的持續上升。

## 三、「提領」策略：如何讓對方願意幫助你？

等到你需要發動人脈、獲得支持時，就是「提領」的時刻。這時，以下三個策略能幫助你有技巧地「請求協助」，並讓對方心甘情願地響應：

### 1. 讓對方「有面子、有好處」

- 這正是「社交貨幣」的概念：讓介紹你的人，也因為介紹你而感到驕傲。
- 實作方式：設計一句可以被轉發的「高價值標籤語」，例如：「我有一個會計師朋友，專門幫創業老闆做稅務佈局，幾分鐘就能說明得很清楚。」

讓介紹你的人，可以毫不費力地幫你，甚至還能獲得「眼光好、

朋友優質」的形象。

### 2. 設計一鍵轉發機制：降低行動門檻

- 將推薦資訊設計成 LINE 多頁訊息，只要按一鍵即可轉傳，對方不需要解釋太多。
- 你可以在訊息中加入語音、影片、自我介紹與服務簡介，讓轉發者輕鬆說出「這是我朋友，很專業」的感覺。

這種「低門檻高效能」的推薦方式，是裂變人脈圈的成功關鍵。

### 3. 善用「共同利益」而非「單方面請求」

- 將你的請求包裝成一種「對雙方都有好處」的合作。
- 舉例：「我準備開一個保單健檢講座，你的朋友如果參加，可以獲得免費的個人化分析。我也會準備專屬於你朋友的專屬簡報頁（品牌名片），這樣你介紹也更有面子。」

這種互利性的邀約，往往比單純的「幫我介紹一下」來得有效。

## 四、讓情感資產進入自動化經營的三個工具策略

打造「關係互助銀行」若沒有系統化，很容易隨著時間中斷。因此，以下三個工具策略能幫助你維持節奏、穩定增值：

### 1.LINE 多頁訊息：情感經營的自動觸達器

- 設計每月主題包：例如：「三月理財智慧」、「四月家庭風險管理」、「五月投資入門」
- 每個主題包中包含：一篇懶人包、一個影音、一個小工具連結、一句金句分享

這不僅是推播內容，更像是你每月在情感帳戶中的一次主動存款。

### 2. 標籤式人脈分級：策略性安排互動頻率

- 利用 LINE 標籤、群組或 CRM 系統將人脈分成 A/B/C/D 四類
- 根據等級設定聯繫頻率與內容深度

這種「分層經營」方式，就是讓你在人力有限下，也能達成最大效能。

### 3.「綁規格策略」持續讓對方依賴你

- 設計一套只有你提供的固定服務，例如：每季保單健檢、每月稅務小提醒、年度傳承規劃諮詢

這些專屬服務，會讓你成為對方生活中「不可或缺的一部分」。

## 五、讓關係自我增值：從一人影響多人

當你的關係互助銀行累積到一定程度，你將發現──你不再是「一個一個經營」，而是讓人脈自動裂變、自然推薦。

這時，三種現象會出現：

1. 定期有人轉發你的訊息，主動幫你介紹
2. 有新朋友主動來說：「我朋友推薦你」
3. 有人開始想與你共創、合辦活動、成立社群

這就是「情感資產增值效應」，它不是短期爆發，而是長期穩定地拉開你與競爭者的距離。

# 關係互助銀行
## 打造讓人信賴的情感資產

**① 什麼是「關係互助銀行」？**

每段關係中，都有一個「情感資產帳戶」，在每一次的互動中，我們都在對方心中「存入」或「提領」資源。

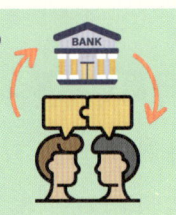

**② 如何累積「存款」**

- 利他資訊提供：定期提供有價值的內容。
- 精準的情感關懷：讓對方感受到你「記得」他。
- 連結資源或主動協助對方。

**③ 如何善用「提款」**

- 讓對方「有面子、有好處」。
- 設計一鍵轉發機制，降低行動門檻。
- 善用「共同利益」而非「單方面請求」。

### 建立讓人想為你存錢的帳戶

一段關係，若沒有持續經營，它就會靜靜地貶值。但如果你懂得定期存款、設計誘因，讓對方不斷從你這裡獲得信任、感動與幫助，那你在每個人的心中，就擁有了一個價值不斷升息的帳戶。

關係互助銀行的經營，就是讓「定聯」升級為「資產」，讓「利他」變成「標配」，讓「LINE」與數位工具成為你情感存款的通路，讓「市場區隔」與「綁規格」成為你獨特的存在策略。

如此一來，你不是在人際關係中尋找生意，而是在價值網絡中自動被生意找上門。這，就是情感資產真正的價值所在。

# 4-5
# 從關係消耗到關係增值：
# 用 LINE 多頁訊息打造你的影響力資產

在數位時代，關係經營的戰場早已從面對面的互動，轉移到手機螢幕的私訊通知中。然而，在 LINE 等即時通訊平台中，若無策略地亂發訊息，不僅無法建立連結，反而會導致封鎖、刪除與信任瓦解。這正是為何我們需要從「關係消耗」的陷阱中跳脫，進入「關係增值」的高階經營模式。

本節將帶你深入了解如何透過 LINE 多頁訊息，結合「私領域人脈經營」與「藍海策略」，打造屬於你的「影響力資產」。這不只是個人的品牌策略，更是一種全新的關係轉化引擎。

## 一、從「亂傳訊息」到「影響力資產」

你是否遇過這種情況：一位好友忽然每天都傳保健品廣告、早安圖、團購連結，不到三天就被你封鎖？這是「私域流量」管理的反面教材。

所謂「私域流量」，是指你在 LINE、Messenger、IG、FB 等平台中，能主動聯繫且對你有基本信任的受眾。他們可能是客戶、舊同事、朋友或曾經互動過的社群成員。

而這些「私域」的價值，不在於你可以推銷什麼，而在於你能否讓他們主動點開、主動轉發、甚至主動聯繫你——這才是關係的「影響力資產」。

要達成這樣的成果，關鍵是：停止關係消耗，開始有策略地提供「有效需求」的內容，讓每一次互動都創造價值與信任。

## 二、LINE 多頁訊息：私領域經營的利器

LINE 多頁訊息是一種能夠模組化、視覺化傳遞資訊的工具，非常適合做「低干擾、高價值」的內容經營。它不是只有一頁文字訊息，而是可以透過多個分頁呈現：

- 影音介紹
- 圖文內容
- 免費下載工具
- 客戶見證
- 限時活動資訊

透過這種設計，你能提供一套「主動型利他內容」的行銷資源包，讓對方在一個訊息中就感受到你的專業、用心與價值，進而提升互動與轉發率。

### 多頁訊息的四大優勢：

**1. 不被封鎖的關鍵設計：**

不像簡訊或單頁推播那樣容易引起反感，多頁訊息像是「閱讀型網站」而非「強推廣」。

**2. 藍海策略經營法：**

因為別人沒有，你有；別人不會，你會。在競爭激烈的紅海市場中，如果你與他人傳送的內容毫無差異，只會陷入「互相打擾」的泥沼，甚至造成用戶疲乏與封鎖。但若你能創造出市場中與眾不

同、差異化的訊息內容，你就有可能劃出屬於自己的藍海。

這就是「藍海策略經營法」在 LINE 多頁訊息中的應用核心。你可以透過以下方式打造差異化內容：

- 每週主題式 LINE 多頁內容，針對某一專業領域，做深入但淺顯的整理。
- 每月一次實用懶人包（如：行銷策略更新、保險規劃小知識、生活風格推薦等）。
- 假日限定價值內容：搭配節慶、議題或時事話題，快速打造關注熱點。

這些「別人都不會」的內容設計，讓你成為市場中的稀缺資源，也讓人們對你產生依賴與信任，形成「內容牽引→注意力集中→需求引發→主動聯繫」的自然路徑。

**3. 影響力放大器：**

讓對方願意主動轉發給朋友、社群或主管，是最自然的裂變起點。

**4. 私領域人脈深度耕耘：**

依據分群標籤與互動紀錄，提供不同版本內容給 A/B/C/D 類人脈，做到個人化經營。

## 三、從內容噪音，到「有效需求」精準命中

真正能引發互動與回饋的訊息，往往不是資訊量多，而是能夠準確命中對方當下的有效需求。也就是說，你發出的內容必須能回答對方心中真正想問的問題。

**舉例：**

- 對剛升主管的上班族來說，你的一篇「如何合法節稅讓年薪百萬不被吃光？」文章，遠比一堆保險說明更有吸引力。
- 對育兒階段的家庭主婦，一份「未來 20 年家庭財務規劃模板」，可能是她主動下載並留言感謝的內容。

這種「對應真實問題」的內容，就是有效需求的核心。也只有這樣的內容，才能讓你的 LINE 多頁訊息不只是傳播，而是變成真正的人脈「價值循環雙向回報」。

## 四、影響力資產的三大關鍵設計

要讓你的關係從一次性互動變成長期資產，除了內容對位，還需要三個結構性設計：

### 1. 利他架構：先給出價值，再提出需求

這是所有成功的私領域人脈經營者共同的核心邏輯。你可以這樣操作：

- 前 3 次互動皆為純資訊、純資源、不求回報的內容
- 第 4 次訊息才提出一個「是否有需要協助規劃」的問題

這種節奏，遠比一開始就「聊聊保單、預約一下」更容易建立信任與回覆。

### 2. 分眾推薦：精準命中市場區隔

將人脈依照需求、產業、興趣等分群，讓每一則 LINE 多頁訊息都像「你為我特別準備的」。例如：

- 新婚族群：提供「保險與房貸組合建議」

- 中年管理職：提供「資產重組與稅務規劃技巧」
- 創業者：提供「風險分散與法人保障機制」

這種分眾型內容，不僅能對位有效需求，更容易從私域轉換為商機。

### 3. 關係遞進：設計從陌生到熟悉的體驗路徑

就像紅海市場中的「競爭行銷」容易造成短期高轉換但低忠誠度，你需要的是「信任行銷」——透過關係設計拉長信任曲線。

例如：
- 第 1 週：提供懶人包
- 第 2 週：推出影音教學
- 第 3 週：邀請參加免費線上講座
- 第 4 週：1 對 1 私訊邀約做健檢

每一步都在讓對方對你越來越熟悉，從而進入深度互動階段。

## 五、你的 LINE 不只是聊天工具，而是你的品牌中樞

你所發出去的每一則訊息、每一份懶人包、每一場小型講座、每一個免費工具，其實都是你「影響力資產」的一部分。

當別人在亂發訊息、硬推產品、重複競爭時，你選擇用利他為核心、以藍海策略為底層思維的 LINE 多頁訊息內容，默默地讓自己的影響力擴散到一個更穩定、更值得信賴的層級。

這不僅讓你的關係網變得更強韌，也會讓你在市場中擁有遠超同業的存在價值。

## LINE 多頁訊息的四大優勢

- 不被封鎖的關鍵設計
- 藍海策略經營法
- 影響力放大器
- 私領域人脈深度耕耘

**影響力資產的三大關鍵設計**

1. **利他架構**：先給出價值，再提出需求
2. **分眾推薦**：精準命中市場區隔
3. **關係遞進**：設計從陌生到熟悉的體驗路徑

✅ 你的 LINE 不只是聊天工具，而是你的品牌中樞

### 讓私域關係，成為你永續資產的核心

私領域人脈經營，不是發發訊息、貼貼圖文而已，而是一場有節奏、有策略、有價值的長期品牌累積。當你懂得用LINE多頁訊息去打造有感、有價、有連結的內容路徑時，你就從一個「資訊推播者」轉變為一個「價值磁鐵」。

人們會願意點開、轉發、甚至主動找你，是因為你給了他們在這個資訊爆炸時代中最稀缺的東西——有意義的連結與可信的內容。

從消耗到增值，是一種選擇；從亂槍打鳥到策略經營，是一種格局！選擇做那個不被封鎖，反而每天都有人期待你訊息的人吧。這，就是影響力資產的真正價值所在。

# 4-6
# 裂變引擎：
# 讓人脈自動循環增長的技術

在傳統觀念中，人脈拓展往往被視為一種「主動開發」的過程，需要花大量時間逐一接觸、說明、培養關係。但隨著人脈經營邁向系統化、智慧化與利他導向，真正高效的關係經營應該具備一個目標：讓人脈開始自己生長，也就是打造一套「裂變引擎」，讓每一段關係都有可能創造下一段關係。

這不只是時間效益的最大化，更是打造人脈被動收入的核心思維。當人際關係具備自我循環與傳播的能力時，你的影響力就像投出水中的一顆石頭，層層擴散，終將形成連鎖效應。

## 一、人脈裂變不是偶然，是一種「引擎設計」

大多數人在人脈經營上遇到的問題，不是認識太少人，而是每次互動結束後沒有後續，導致關係無法「轉化成資源」。而裂變引擎的本質，就是將每一位接觸者都設計成「種子」，讓他們具備以下三種能力：

1. **主動再互動**：願意持續跟你往來。
2. **主動再介紹**：願意把你推薦給他的朋友。
3. **主動再擴散**：願意轉傳你的內容、參與你的活動、帶來流量。

這樣的設計可以大幅降低開拓時間成本，讓你把更多時間投資在深化高價值關係與學習專業技能上，創造持續成長的正循環。

## 二、打造「人脈流模型」：

人脈也可以像營收一樣預測與擴張

想要讓人脈自動循環，你需要有一套「人脈流模型」，這模型就像企業的現金流預測一樣，能夠看出哪個階段是瓶頸、哪個階段是放大點。

**典型的人脈流模型可分為以下幾個階段：**

| 階段 | 目標 | 方式 |
|---|---|---|
| 吸引 | 讓對方注意你 | LINE 多頁訊息、社群發文、內容懶人包 |
| 連結 | 產生初步互動 | 私訊邀約、免費資源贈送 |
| 轉化 | 串聯客戶轉化成合作夥伴 | 直接邀請客戶加入 LINE 多頁訊息頁面，人脈集合曝光 |
| 裂變 | 對方開始介紹你、幫你分享 | 推薦機制、社交貨幣設計、感謝回饋機制 |

這是一種可以被優化、複製甚至自動化的過程。只要你能把「人脈引擎催油門」的每個關鍵節點設計好，就能讓這條人脈管線越來越廣、越來越深。

### 三、人脈被動收入的核心：讓對方「願意為你發聲」

什麼叫人脈的被動收入？就是在你沒開口的時候，還有人在幫你介紹生意、傳播內容、創造流量。

這種現象的本質，是對方「認同你、信任你、願意背書你」。你提供的，不只是服務，而是一種可以提升他社交地位或人設的「社交貨幣」。

因此，你的內容設計與互動策略，必須結合以下三種特質：

1. 讓對方說出去很有面子（你是一個值得分享的人）。
2. 讓對方的朋友感到有價值（你的內容有可轉發性）。
3. 讓對方覺得幫你會有收穫（不一定是金錢，而是地位、關係、回饋）。

這樣，你的人脈就會進入一種裂變狀態：一人帶一人，一人裂百人。

### 四、孫子兵法的智慧：機會，是無中生有

孫子兵法說：「善戰者，求之於勢，不責於人。」這在裂變引擎的應用上，「勢」就是一種機會創造力。會造「勢」，如同轉圓石於千仞之山，人脈滾動增長將銳不可擋。

有些人總是等客戶來、有關係才談、有機會才做；但真正厲害的人，是能在人際關係中「創造出」人脈籌碼，而不是等著關係自然發酵。

例如：

- 自己設計一個「聯名活動」邀對方共同舉辦，創造關係連結點。

- 發佈一個社群懶人包,點名對方提供觀點,創造曝光與互動。
- 開設一個月刊或主題社群,邀請對方加入為專家顧問,創造角色感。

這些都是「人脈籌碼是創造出來的」最佳實例——別等著有關係才行動,而是透過設計創造新關係的可能。

### 五、實用裂變公式:讓你的內容變成主動傳播的種子

真正能夠裂變的內容,往往同時具備以下三個要素:

1. 價值密度高:提供具體幫助、知識或資源,例如:懶人包、教學、清單。
2. 轉傳門檻低:讓對方只要按一鍵就能分享,例如:LINE 多頁訊息的「轉傳按鈕」。
3. 利他性強:內容不是介紹自己,而是幫助對方,也能幫助對方的朋友。

當你製作內容時,可以問自己:「如果我是收訊人,我會願意轉傳這段話給朋友嗎?」如果答案是肯定的,那你就擁有了一枚可裂變的「人脈種子」。

### 六、從人脈經營到時間自由:讓引擎替你開疆闢土

一旦你的人脈裂變系統穩定運作後,你將獲得兩個巨大紅利:

**1. 開拓時間成本大幅降低**:不需要再每天主動找人,只要經營好內容與節奏,就會有穩定流量進入。

**2. 你會有更多時間去學習專業技能**:真正關鍵的,是打造無法取代的專業影響力,這會讓人脈裂變效果疊加放大。

這就像一輛車，當你的「人脈引擎」越來越強大，你只需要適時「催油門」，就能穿越擁擠市場，走出一條屬於你的高效通道。

## 裂變引擎：讓人脈自動循環增長的技術

打造一套「裂變引擎」，讓每一段關係都有可能創造下一段關係

打造「裂變引擎」種子

- 主動再互動
- 主動再介紹
- 主動再擴散

人脈「被動收入」
讓對方「願意為你發聲」

- 有面子
- 有價值
- 有收穫

人脈裂變狀態：一人帶一人，一人裂百人

### 讓人脈自己長出來，才是真正的高手

過去我們靠勤奮開發，但未來我們靠策略裂變。

當你掌握了利他精神、價值設計、人脈流模型、社交貨幣思維與平台工具（如 LINE 多頁訊息）的整合運用，你的人脈將不再只是「認識誰」，而是「有多少人主動介紹你、信任你、幫助你」。

這就是裂變引擎的真正威力，也是建立永續人脈被動收入的基礎工程。

因為最厲害的關係，不是你一直找人，而是別人都想找你。

# chapter 5
# 創造雙贏的持續關係模式

人脈經營，不能只是「單方面獲利」，而是打造一種雙贏又持續的關係模式。什麼叫持續？簡單講就是今天聊得來，明天還想聯絡；什麼叫雙贏？就是我幫你成就事業，你也願意在行銷路上扶持我。這樣的友好關係，不需要討好、更不靠算計，而是靠價值信賴與真誠經營。當你不只是想從對方身上得到什麼，而是想成為彼此人生的一部分，人脈就不只是通訊錄的名字，而是一張會自己生長的網。這，就是成熟人脈經營的美好樣子。

- 5-1 人脈矩陣解碼：掌握超高效串連法則
- 5-2 價值遞送迴圈：創造雙贏的持續關係模型
- 5-3 關係連鎖反應：如何將不同圈層變成交集
- 5-4 數據化人脈經營：用矩陣法設計你的超級網絡
- 5-5 用 LINE 多頁訊息建立全方位串連策略
- 5-6 從人脈鏈到成交點線面：用 LINE 多頁訊息打造商務連結場域

# 5-1
# 人脈矩陣解碼：
# 掌握超高效串連法則

在多數人眼中，「人脈」似乎是一條條單向的線，這條線指向朋友、客戶、合作對象，彷彿彼此獨立、零散、無法系統性經營。但對於高效能的人脈經營者來說，人脈從來不是一條線，而是一張網、一個矩陣。只要你懂得「人脈矩陣解碼」的法則，就能在這張網中靈活串連、盤點、分類與整合，進而放大資源價值、創造商業機會，實現真正的雙贏。

這一章，我們將深入拆解如何從「人脈」變成「矩陣」，並透過行銷定位、資源整合、異業與同業結盟的方式，打造一個超高效串連的人脈網絡，甚至延伸出「人脈背後的人脈」，創造源源不絕的合作與影響力。

## 一、人脈矩陣的核心思維：從單點到網狀的認知升級

我們首先要打破的是「人脈單線條」的迷思。舉例來說，當你認識一位房地產仲介，這不只是一位從業人員，更可能代表著整個房地產上下游產業鏈中的多種人脈：屋主、買家、地政士、裝潢設計、銀行貸款、建設公司……這就是所謂的「行業上下游」思維。

一個人背後，其實藏著一整張資源網，而我們若只看到眼前這個人，忽略了他所連結的整體產業脈絡，就容易錯失整合的可能。這就是「人脈背後的人脈」的真正價值。

## 二、人脈分類原則：讓網絡清晰、有序、可動

要打造可運作的人脈矩陣，第一步就是分類。分類能讓你快速找出哪些人脈可以互通、互補、互助，也能避免人脈資源的閒置與遺忘。

### 以下是四種高實用性的分類方式：

**1. 職業分類**

依照職業背景（如財務、行銷、法律、設計等）來分類，能幫你在需要特定技能時迅速找到對應資源，這對「資源整合」非常重要。

**2. 地區分類**

依據地理位置來標示人脈所在地，特別適用於異地開發、跨區經營，例如：台中辦活動需要合作夥伴，就能快速點出當地可用人脈。

**3. 行銷定位與受眾分類**

根據對方的受眾輪廓或目標市場來分類，例如：誰面對媽媽族群？誰面對創業族群？誰有B2B對企業經營的經驗？這能幫助你在設計活動、行銷聯盟、互推資源時精準媒合。

透過這樣的分類，你就能建立起「可即時動用」的人脈資料庫，不僅減少摸索時間，也為後續的資源交換與合作打下基礎。

**4. 產業鏈分類**

依據人脈所處的產業位置或角色進行分類，例如：上游（原料供應、技術開發）、中游（製造、設計、代工）、下游（通路、行銷、終端銷售）等。這樣的分類方式特別適用於有意拓展跨產業合作或建立垂直整合模式的情境。

舉例來說，如果你正在開發一項產品，透過產業鏈分類，你可以快速找出誰可以協助設計？誰能協助製造？誰有通路資源？誰熟悉售後服務與維運？

這不僅有助於形成「供應網絡」與「價值鏈整合」，更能加速資源協同與跨界聯盟，讓人脈成為你事業發展中的實戰型後盾。

### 三、人脈收斂策略：打造具凝聚力的核心網絡

許多人在人脈經營上最大問題是「人脈很散」，雖然認識很多人，但彼此之間毫無連結。這時，就需要運用「人脈收斂」的策略。

人脈收斂，指的是有策略地將不同圈層的個體，透過某個共同議題或平台整合在一起。例如：

- 組織一場「異業交流午餐會」，讓彼此在特定主題下交集。
- 建立一個 LINE 社群，針對某個議題（如個人品牌經營、網路行銷技巧）做持續經營，吸引相關背景的人進入。
- 發行一份月報，用 LINE 多頁訊息分享價值內容，吸引受眾相同的人主動回應。

這些做法都是在為你的核心網絡做「聚焦設計」，把原本分散的人脈收斂成一個可以互動、共振、裂變的生態圈。

### 四、異業結盟與同業合作：從串連到共創價值

人脈矩陣真正的威力，在於可以讓你做出跨界的「異業結盟」，與策略性的「同業結盟」。

#### 異業結盟：異中求同，創造價值倍增

例如：一位保險顧問與健身教練合作，推出健康＋財務規劃的

整合服務；又或者，行銷顧問與印刷廠聯手提供「品牌形象＋實體行銷包裝」的一站式方案。

異業結盟的關鍵在於找到「受眾相同」的交集，並用彼此的資源互補，創造雙贏甚至多贏的局面。

### 同業合作：同行不一定是競爭對手

許多人避開與同業來往，其實反而錯失許多合作機會。當你建立了人脈矩陣，就能看到「同業中的分工空間」：

- **專長不同**：A 擅長銷售，B 擅長後台營運，可互補合作。
- **地區不同**：A 經營北部，B 經營南部，可分區合作互推。
- **受眾不同**：A 對保險熟悉，B 對投資熟悉，可交叉資源交換。

真正厲害的同業合作，是在明確行銷定位下，把各自的影響力網絡串接起來，達到「規模經濟」的放大效果。

## 五、人脈矩陣的串連法則：打造超高效交換機制

人脈的價值，不在於你有幾個 LINE 好友，而在於你如何讓這些好友之間互相認識、合作、連結。這就涉及「人脈串連」的具體行動策略。

### 以下是幾個常用、實效高的人脈串連方法：

#### 1. 一對一牽線介紹

選擇彼此有合作可能性的兩個人，主動幫他們牽線，並清楚說明彼此優勢與交集，這比單純交換名片更具影響力。

#### 2. 聚焦主題社群或活動

你可以主辦主題式聚會（如品牌主題早午餐、行銷交流會），

邀請受眾重疊的人脈圈成員參與。這種方法可以快速擴大「多點對多點」的交集。

### 3. 用 LINE 多頁訊息做「矩陣化資訊分享」

透過設計型內容模組（如每週三「合作夥伴推薦專區」），不只分享資訊，更是引導「人脈見人脈」的有效方式。

這些方式的背後邏輯，都是在進行「人脈鏈結的設計」，讓人脈從單點變成互相連結的網絡，進而建立出更大規模的資源平台。

---

### 人脈不是「擁有」，而是「設計出來」

真正厲害的人脈經營，不是你多會聊天、多會寒暄，而是你有能力把散亂的人脈「整理成一張可操作的矩陣」。這張矩陣，具備分類清楚、資源互補、上下游整合、交叉曝光與串連設計五大特性。

當你懂得如何在人脈矩陣中：
- 利用行銷定位盤點資源位置
- 透過分類讓關係明確可用
- 借力上下游與異業同業的資源整合
- 運用串連方法創造合作循環

你就不只是被動擁有人脈，而是主動創造人脈價值的人。從現在開始，用矩陣思維重構你的人脈地圖，讓每一段關係都能產出乘法效應，這，才是高效人脈經營的真正開始。

# 人脈矩陣解碼：掌握超高效串連法則

【人脈不是「擁有」，而是「設計出來」】

## 一、人脈矩陣的核心思維：從單點到網狀的認知升級

## 二、人脈分類原則：讓網絡清晰、有序、可動

- 職業分類
- 地區分類
- 行銷定位與受眾分類
- 業鏈分類

## 三、人脈收斂策略：打造具凝聚力的核心網絡

## 四、異業結盟與同業合作：從串連到共創價值

- 異業結盟　創造價值倍增 
- 同業合作　分工合作

## 五、人脈矩陣的串連法則：打造超高效交換機制

- 一對一牽線介紹 
- 聚焦主題社群或活動 
- 用 LINE 多頁訊息做「矩陣化資訊分享」

# 5-2
# 價值遞送迴圈：
# 創造雙贏的持續關係模型

「人脈不是資源的終點，而是價值傳遞的起點。」

在商業社會中，單純擁有人脈資源已無法創造優勢，唯有將人脈進行「策略性整合」，並且打造一套能持續輸出價值的「價值遞送迴圈」，才能在信任的基礎上擴大影響力，創造真正的雙贏模式。

這一章，我們將建構一個以「策略性思考」為核心、由六個環節所組成的價值遞送迴圈模型。透過這個模型，你不只是累積人脈，更能將人脈矩陣化、系統化，讓每一次互動都成為長遠合作的起點。

## 一、遞送價值的策略性思考

我們常說「做生意講的是價值交換」，但很多人在人脈經營上仍停留在「我認識誰」的層次，忽略了關鍵：「你替對方創造了什麼價值？」

人脈不是擁有，是使用；不是認識，是遞送。

而所謂的「遞送」，不是單向給予，而是建立一套能讓雙方都受益的價值流動系統。

商業社會中有一句話：「行千里而不勞者，行於無人之地。」說的是，如果你走的路別人沒走過、你提供的價值別人給不了，你

自然就不需費力競爭,因為你已在無人之境中建立了價值高地。這正是我們提出要透過「價值遞送迴圈」打造的關係模型。

## 二、六大環節:打造「價值遞送迴圈」

這個價值遞送模型由六個關鍵步驟構成,形成一個不斷優化、擴張的人脈價值網絡:

### 1. 人脈辨識:從雜亂連結中提煉價值單位

第一步,是進行「人脈分類」與矩陣式歸納。人脈若無分類,就無法策略性運用。

建議你從三個維度進行歸類:
- 職業分類:例如:行銷人、保險業、製造業等。
- 地區分類:可根據北中南或海外市場區分。
- 影響層級:將人脈分為 A（關鍵決策者）、B（建議影響者）、C（潛力對象）。

進一步進行「受眾相同」的交集分析,找出哪幾個人脈的受眾重疊最大,這就是後續串聯最值得投入的目標點。

這是認知升級的起點,不只是知道誰認識誰,而是理解每一個人背後的資源分佈與潛在價值,也就是我們說的「人脈背後的人脈」。

### 2. 價值定位:你的價值,能替他人解決什麼?

- 這個階段是建立自己的商業思惟與行銷定位。
- 你需要問自己三個問題:

- 我的專業,能解決哪些人的哪些問題?
- 我的資源,是否能補別人的不足?
- 我能為他人創造什麼樣的曝光、流量或效益?

別忘了這句經典名言:「誰有做,誰就稱王。」很多人知道要做內容、要經營關係、要整合資源,但最後做出來的只有少數。當你願意從價值出發持續遞送,市場自然會讓你坐上關鍵節點的位置。

### 3.策略串聯:異業結盟與行業上下游結構設計

這一步是將「人脈矩陣」開始形成有機的串聯,進行有意識地設計與對接。

具體可以從以下兩個策略著手:

- 異業結盟:找出和你受眾一致、但服務不同的夥伴。例如:保險顧問與地產仲介、美業設計師與健康顧問。
- 行業上下游串聯:思考你產業的上游與下游是誰?是否能建立定期對話與轉介合作?

舉例來說,品牌行銷顧問可以與攝影師、印刷廠、社群編輯形成一個「內容生產鏈」,彼此互推互助,降低獨立作業成本。

這樣的策略設計,會在你的「價值遞送迴圈」中產生「結盟經濟」效果——每一次輸出都能撬動多個結果,每一份努力都能創造多重曝光。

### 4.主動遞送:打造個人價值模組,形成利他磁場

這一步,是將你所設計的價值,進行實質遞送。

可以透過:

- 設計工具包、資訊懶人包、產業趨勢月報等,主動分享。

- LINE 多頁訊息定期發佈個人專業內容。
- 提供免費資源或小服務，提高彼此接觸機會。

這種價值遞送若能模組化，就能減少每一次互動的時間成本，讓你「行得遠，又不勞累」。這就是策略性思考的極致：用最小的力氣，創造最大的人脈磁場。

### 5. 關係強化：人脈收斂與信任培養

當你進行了主動遞送之後，接下來是「收斂」過程。

這一階段的目標是：

- 把互動過的對象從邊緣拉到核心。
- 把無感的關係轉為有感的資源。
- 把泛泛之交變成具行動力的合作關係。

你可以透過邀約共學活動、邀請參與社群、或是發起小型專案合作等方式，讓這些人脈開始「對你產生關聯性與信任感」，而非只是存在聯絡人清單中。

這個過程叫做「人脈收斂」，是讓你的社交能量從發散回歸聚焦的關鍵步驟。

### 6. 資源再擴散：放大價值，觸發主動回報循環

當你的人脈矩陣已經開始產生信任連結，就進入最後一個階段——將你的資源「再擴散」。

如何擴散？

- 邀請他們轉介紹。
- 共同舉辦活動或線上課程。
- 合作經營品牌或社群。

當這個模型運作順暢時，就會出現一個關鍵現象：對方會開始主動聯繫你。

這就是前章提到的「迴向式定聯」現象——你不必一直追著人跑，而是因為你的價值足夠強、信任足夠深，他們自然願意靠近你、支持你、成為你價值鏈中的夥伴。

### 三、從人脈管理，到價值經營：讓每一個節點都能生長

很多人在人脈經營上，始終困在「建立關係」的階段，卻從未思考如何經營關係。這兩者的差距，就是「是否有設計過的價值遞送系統」。

「價值遞送迴圈」的精髓不在於你認識多少人，而在於你能不能把一個人脈節點延伸成一張網絡，讓每個節點不只是聯絡對象，而是可以為你、為彼此、為市場產生串聯效應的「資源源頭」。

---

#### 人脈不是等待機會，是創造機會

「孫子兵法說：會造『勢』，機會將無中生有。」

真正厲害的人，不是等待人脈為自己帶來機會，而是透過主動遞送價值，創造機會、創造合作、創造信任。

當你持續運作這個「價值遞送迴圈」，你會發現——過去看似零碎的人脈，開始彼此串連；原本沒有計劃的互動，開始產生商業效應；你的努力，不再是單點出擊，而是系統成長。人脈，是最值得長期經營的資產。而這一切，從你開始主動設計「價值遞送」的那一刻，就開始了。

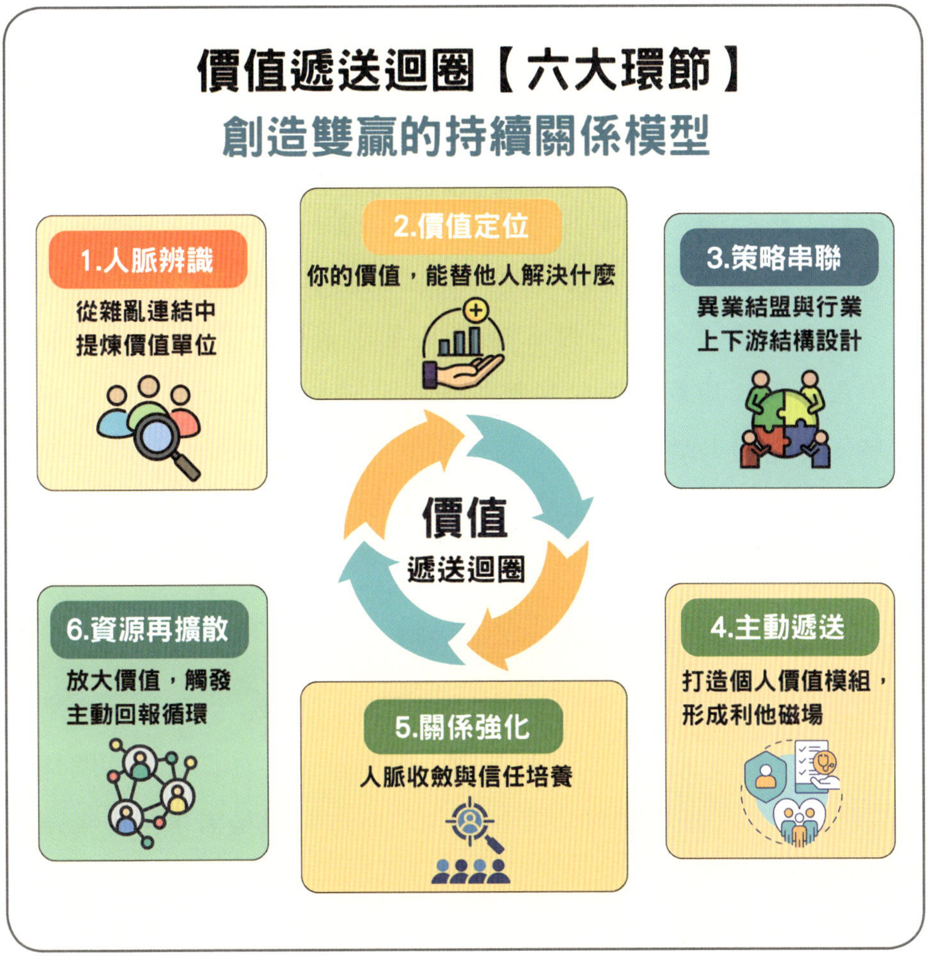

## 價值遞送迴圈【六大環節】
### 創造雙贏的持續關係模型

**1. 人脈辨識**
從雜亂連結中提煉價值單位

**2. 價值定位**
你的價值，能替他人解決什麼

**3. 策略串聯**
異業結盟與行業上下游結構設計

**價值遞送迴圈**

**4. 主動遞送**
打造個人價值模組，形成利他磁場

**5. 關係強化**
人脈收斂與信任培養

**6. 資源再擴散**
放大價值，觸發主動回報循環

# 5-3
# 關係連鎖反應：
# 如何將不同圈層變成交集

在個人品牌與人脈經營的進程中，許多人常常遇到一個瓶頸：自己的資源與影響力侷限於單一圈層，無法觸及更廣泛、更多元的人脈群體。這種「圈層孤島」現象，會讓你再怎麼努力經營，也僅能在原有資源內打轉，無法產生真正的突破。

而本節要介紹的「關係連鎖反應」策略，正是打破圈層藩籬、產生強效擴散影響的關鍵方法。透過刻意設計的交集策略，搭配你本身的品牌定位與專業利他價值，便能觸發如核聚變般的能量爆發，讓不同人脈圈層自動產生連結與動能，創造出遠超預期的放大效益。

## 一、關係的本質，是價值互補的雙向道

許多人誤以為人脈建立是單向的「向上認識」，例如：去結識某位產業大咖、或進入某個菁英圈。但事實上，真正有力的關係，是「雙向道」：彼此能創造互補的價值鏈，甚至是需求與專業剛好對接的黃金組合。

所謂人脈連鎖反應，核心就是：你正好需要，我剛好專業。

這樣的互動不只是搭話，而是一種需求交換、優勢嫁接。當你能清楚知道對方圈層的需求點，並將自己定位為能解決該問題的資源提供者，這時你們的關係就會產生優勢對接，並進一步擴展出其

他延伸互動。

這就是關係真正有價值的開始，而非只停留在交換名片的淺層互動。

## 二、打破圈層隔閡的第一步：用利他定位你的強勢火力

若你希望進入一個你原本不在的圈層，首先不能只用自己的需求出發，而是先問：「我可以提供什麼？」

這裡的關鍵就是你的利他價值定位。

請先盤點自己目前的資源與專業，並將之具體包裝成解決方案或內容工具。例如：

- 你是行銷顧問，可以協助社團主或創業家優化他們的曝光策略。
- 你是會計師，可以提供中小企業稅務與風險控管的診斷。
- 你是健身教練，可以為高壓上班族量身打造健康管理方案。
- 這些資源就是你進入不同圈層的「強勢火力」，當你用利他的姿態主動提供時，對方會對你產生信任，並主動開啟連結的門。

關鍵不在於你說了什麼，而在於你能解決什麼。

## 三、觸發連鎖反應的三種交集設計法

要讓不同圈層開始產生交集，你可以透過以下三種設計策略，讓彼此的需求、資源與優勢產生化學變化：

### 1. 交集活動設計：打造雙邊價值場域

設計一場「雙向有利」的交流活動，例如：

- 行銷人＋創業者：開辦主題工作坊，讓行銷人分享策略，讓創業者找解方。
- 醫療人員＋健身專家：聯合舉辦健康講座，互為流量與專業背書。
- 投資顧問＋科技創業圈：創造合作投資與知識輸出場景。

這些活動的核心在於「我找你，不是要你幫我，而是讓你一起成為解決該問題的資源提供者」。

這種從「我要人脈」轉為「我要創造平台讓人參與」的觀念轉變，就是關係圈層互串的開始。

### 2. 品牌轉介橋樑：借力使力，打開關鍵結界

王者，以借得天下；商者，以借富天下。人脈，以借拓天下。

有些圈層你無法直接進入，那就運用「關鍵節點」策略。

透過你已信任的 A 人脈，對接他的 B 圈層，進而擴展至 C 圈層。

但這裡的重點是：你要給 A 足夠的理由轉介紹你。

這裡就需要你打造出夠強的「個人品牌定位」，讓 A 覺得推薦你能讓他有面子、有利他價值、或對他的品牌形象有加分效果。

品牌，不只是讓市場認識你，更是讓人脈願意轉介你的關鍵。

### 3. 優勢資源整合：創造「核聚變」效應

所謂「核聚變」，不是簡單的合作，而是各自的優勢疊加後，產生「1＋1＞10」的能量爆發。

例如：

- 你擅長社群經營，他擅長內容製作，兩人合作經營一個教育平台。

- 你有人脈，他有產品，你們一起開發一場小型商務展。
- 你有企劃力，他有流量，聯手打造實體或線上課程。

這樣的整合，不只是「做事」，而是在進行「策略合作」──彼此都成為對方影響力的延伸器。

這種等級的合作，一旦啟動，不只是圈層交集，而是人脈價值的全面升維。

## 四、讓連鎖反應變成長期效應的三個加速器

圈層交集的關鍵不在於一次性的互動，而是能不能形成一個可持續的交錯互動結構。這裡提供三個「加速器」，幫助你讓關係連鎖反應持續下去：

### 1. 輸出頻率

建立週期性的價值輸出節奏，例如：固定每週在 LINE 群組或個人帳號發佈主題性內容，或定期舉辦小型交流分享會。

### 2. 對接機會點

主動設計讓不同圈層可以互相認識的節點，例如：合辦線上對談、共同推出知識包、甚至跨界轉發彼此的內容，創造曝光連結。

### 3. 成果共創

將關係具象化為成果，例如：一場共同舉辦的論壇、一項聯合諮詢服務包、一組合作的 LINE 多頁訊息。

當你能從「認識」進階到「共創」，這段關係就不再只是人脈，而是資產。

### 五、改變遊戲規則：從競爭場轉為串聯場

多數人在人脈經營上陷入了「競爭性思維」：覺得認識的人越多，別人就越少；資源我拿到，你就拿不到。

但真正高段位的人脈策略，是將關係從「對手局」變成「共好場」。

你不是要從別人那裡奪資源，而是透過串聯，改變遊戲規則，讓更多人因為你而受益，進而願意持續靠近你、與你合作、為你發聲。

這種模式下，你將不再只是參與市場，而是成為影響市場的人。

---

**用交集取代孤立，用串聯擴張品牌邊界**

人脈經營的最高境界，不是你擁有多少資源，而是你能讓多少資源互相串聯、產生放大效益。

當你能把品牌、利他、優勢、定位這幾個關鍵詞統合成一套具操作性的交集策略，並透過設計的節奏與平台不斷輸出，那麼你的圈層將不再孤立，而會自動擴張。

讓我們從今天開始，用「設計思維」來規劃人脈圈層交集，打造一套能產生連鎖反應的策略架構，讓品牌與影響力因你而交會，因你而核聚變，從而建立一張無可取代的人脈網絡。

因為，「改變遊戲規則」的人，才是真正的局內人。

# 關係連鎖反應
## 如何將不同圈層變成交集

**創造互補的價值鏈**
你正好需要，我剛好專業
【優勢對接】

**利他價值定位**
盤點目前的資源與專業
【我可以提供什麼？】

**觸發連鎖反應**
三種交集：
【雙邊價值場域】
【借力使力策略】
【資源疊加合作】

**連鎖反應變成長期效應**
三個加速器：
【輸出頻率】
【對接機會點】
【成果共創】

**「競爭場」轉為「串聯場」**
改變遊戲規則
「對手局」變成「共好場」

交集

# 5-4
# 數據化人脈經營：
# 用矩陣法設計你的超級網絡

在這個什麼都能連起來的時代，人脈多不稀奇，有系統、有腦袋地經營人脈，才珍貴。別再以為名單多就代表你很強，那些沒有分類、沒有策略的聯絡人，只是一堆睡著的名字。你需要的是一種數據驅動的思維，把人脈做成矩陣，有層次、有排序、有節奏地觸達。否則，再大的通訊錄，也只是個凌亂的倉庫，看起來豐富，實際上什麼都找不到，更別說產生效益。真正聰明的人，靠的不是記住誰，而是知道什麼時候該聯絡誰、為什麼要聯絡他。這，才叫人脈經營。

本章節將帶你進入「數據化人脈經營」的世界，透過「人脈矩陣」、「社交資本」、「弱連結理論」、「六度分隔理論」等概念，結合數據分析工具，打造屬於你的「超級網絡」與「高價值連結地圖」，讓人脈不再是虛無的社交，而是精準可控的影響力資產。

## 一、從感覺到科學：人脈也能數據化經營

人脈從來不是越多越好，而是「越對越有用」。很多人在經營人脈時，仰賴直覺、情感與臨場反應，這會造成一種假性充實——你以為你認識了很多人，但實際上一旦需要串連或轉化，卻不知道該找誰。

而數據化人脈經營的核心，是讓這張人際網從模糊的關係圖譜，變成明確可分析、可運算、可優化的超級網絡，讓你在需要時，可以快速從中找出「關鍵節點」、「高價值資源」與「跨界橋梁」。

這一切的起點，就是打造你的人脈矩陣。

## 二、建立人脈矩陣：從雜亂名單到策略網絡

人脈矩陣的概念，是將你所擁有的人際連結依據不同維度進行分類、分級與標記。以下是三個主要分類軸線：

**1. 職業分類軸：** 如金融業、科技業、創業者、教育工作者、公務員、醫療從業者等。

**2. 地區分類軸：** 台北、新竹、台中、高雄、海外等地理位置。

**3. 價值分類軸：** 可再細分為「資源提供者」、「策略合作夥伴」、「潛在客戶」、「意見領袖」、「情感支持者」等。

透過這種三軸交叉分類，你可以視覺化出人脈的資源分佈圖，進一步辨識出哪些區塊是你目前優勢明顯的、哪些是尚未開發的、哪些是需要補強的「盲區」。

這也讓你的人脈經營從過去的「人記得我」進階到「我知道誰能在什麼時候幫我」，真正落實數據驅動的精準社交策略。

## 三、社交資本管理：找出你的人脈「關鍵影響力者」

社交資本指的是，你在社會網絡中所擁有的潛在影響力、信任與資源轉換能力。換言之，就是你「不動用金錢就能產生價值的能量」。

其中最關鍵的，就是辨識並經營「關鍵影響力者」（Key

Opinion Connectors，KOC）。這些人不一定是網紅、權威、位高權重的人，而是能在你的人脈圈中串連出最大效益的人──

- 他們可能掌握多個圈層。
- 他們發話的話語權高。
- 他們願意主動幫你轉介紹、背書。

在你建立了人脈矩陣之後，請特別標記出這類影響力節點，並給予他們特別設計的「專屬觸達計畫」，例如：

- 每月定期聯繫。
- 專屬內容與資源分享。
- 優先參與你新計畫的邀請權。

這樣做的目的，就是在社交網絡中建構出你的人脈引擎核心。

### 四、活用「弱連結理論」與「六度分隔理論」：擴張你的潛在人脈邊界

1973 年社會學家 Granovetter 提出的「弱連結理論」，指出在社交網絡中，那些不常接觸、關係鬆散的人，反而在資訊傳遞與機會提供上更具價值。這也說明為何陌生人的推薦往往更容易產生轉化。

而「六度分隔理論」則指出，全世界任何兩個人，最多只需六個人就能彼此串連。這意味著：你現在的每一個人脈背後，都潛藏著成千上萬的潛在資源，只待你用對方法，觸發連鎖反應。

這也說明了數據化人脈經營的另一層核心──不是把人脈「圈起來」，而是要「放大出去」。

你要問的問題不再是：「我現在認識誰？」而是：「我認識的這個人，背後還有誰？」

## 五、從數據到策略：打造你的精準社交動線

當你擁有矩陣與資料庫後，下一步就是設計「人脈流模型」，也就是人脈如何從接觸、認識、建立信任、價值交換，到最終成為合作夥伴或轉介紹者的路徑規劃。

這個模型至少要包含以下五個關鍵階段：

1. **引起注意**：建立認知點（個人品牌、價值內容、主題話題等）。
2. **創造互動**：建立第一層連結（社群互動、活動邀請、主動關心等）。
3. **資料收斂**：用表單或系統收集其職業、興趣、需求等資料。
4. **分級設計**：依據人脈矩陣分類，分配不同溝通內容與節奏。
5. **價值轉換**：透過專業合作、轉介紹、資源互補，進行實際轉化。

這樣一來，你不再只是隨機經營人脈，而是建立起一個有規則、有節奏、有策略的超級網絡。

## 六、打造信任機制，發掘機會風口

有了流動，有了分類，有了工具，還不夠。

人脈最終能否轉化為商業價值，核心關鍵仍在於——信任。

這就是你必須打造「信任建立機制」的理由。你可以透過以下幾種方式建立長期信任：

- 定期輸出高品質內容（LINE 多頁訊息、社群動態、直播教學）
- 建立一致且真誠的品牌語言

- 透過「利他」行動持續創造幫助與貢獻感
- 主動將資源介紹給他人（不以利益為前提）
- 積極邀請別人參與共創與討論（拉高參與感）

而這些動作的持續進行，就是一種機會發掘模式。當你經營的人脈網開始主動與你互動、轉介紹、回饋資訊，你會發現：那些你原本以為「沒用」的人脈，其實正是潛藏的金礦。

### 你的人脈地圖，值得用商業思維經營

「勝兵先勝而後求戰，敗兵先戰而後求勝。」在人脈經營的世界中，越是能以策略性思考與數據化系統處理的人，越能在競爭激烈的市場中脫穎而出。

因為，這不再只是「交朋友」，而是一場深刻的「商業思惟升級」。

打造你的人脈矩陣，從今日開始，用數據解碼你的超級網絡，讓每一次社交都精準可控，每一位連結都成為可能的價值節點。這，才是下一代人脈經營的關鍵進化。

# 數據化人脈經營
## 用矩陣法設計你的超級網絡

**建立人脈矩陣**
人脈的資源分佈
【職業.地區.價值】

**社交資本管理**
找出「關鍵影響力者」

**打造信任機制**
轉化為商業價值的核心關鍵

**高價值人脈 連結地圖**

**人脈流模型**
打造精準社交動線
【有規則、有節奏、有策略】

**弱連結理論**
不常接觸、關係鬆散
【陌生人的推薦▲】

**六度分隔理論**
人脈背後潛藏資源
【只需六個人就能彼此串連】

# 5-5
# 用 LINE 多頁訊息建立全方位串連策略

在當今資訊碎片化、注意力競爭激烈的數位時代，單向式溝通已難以打動人心，唯有透過精準、互動、個人化的內容設計，才能有效經營你的「私域流量」，打造長期信任的商業關係網。而 LINE 的多頁訊息功能，正是一套極具爆發力的工具，能幫助你建立全方位的人脈串連策略，讓每一次觸達都成為「高轉換對話」的起點。

更關鍵的是，在這個人人都能發聲的時代，「與眾不同到競爭對手無法取代，就算要取代你，也要付出極大的代價」，才是真正的競爭優勢。透過 LINE 多頁訊息的靈活應用，你不只是在傳訊息，而是在插旗每一個顧客心中的「專屬位置」，這也是頂極思維在數位人脈經營中的體現。

## 一、用戶旅程 × 多頁訊息：每一步都有價值觸點

我們常說，銷售是用戶旅程（CustomerJourney）的一部分，而不只是最後的成交點。若你希望與潛在客戶、合作夥伴、人脈資源建立長期互動，那麼每一個接觸點，都要經過設計與優化。

LINE 多頁訊息的設計結構，天生就適合對應用戶旅程的每一階段：

| 用戶旅程階段 | 多頁訊息應用建議 |
| --- | --- |
| 認知 Awareness | 提供懶人包式資訊（如行業趨勢、知識百科）讓人認識你是誰，做什麼 |
| 興趣 Interest | 結合互動式問答、免費資源下載，強化參與感與好感度 |
| 評估 Consideration | 提供案例分析、問題拆解影片、見證與 Q&A，降低疑慮，建立信任 |
| 行動 Action | 提供立即預約、索取方案、加入社群等「CTA」按鈕，促進轉化 |
| 留存 Retention | 推播專屬內容與持續價值服務，打造會員經濟與客戶忠誠度讓用戶成為回頭客。 |
| 推廣 Advocacy | 主動為你推薦、轉介紹、分享內容，形成長期價值關係。 |

這樣的設計，讓你在人脈經營的每一步都佔有一席之地，不再錯過任何潛在連結的契機。

## 二、分層推播 × 個人化訊息：讓內容精準命中

LINE 多頁訊息的威力，來自於「標籤分群」與「行為數據分析」的搭配運用。你可以根據使用者的身份、點擊紀錄、互動行為，設計出精準的分層訊息策略。

舉例來說：

- 對於「剛加入」的名單，先推播品牌介紹、常見問題解說。
- 對於「高互動」的潛在客戶，推播進階方案、專屬優惠、預約體驗等 CTA。

- 對於「未互動超過 30 天」的名單，可推播喚醒，如限時好康、冷知識遊戲互動等。

這樣的分層推播，不僅避免訊息無差別轟炸，更能提升點閱率與互動率，進而提升轉換機率。

所謂「個人化訊息」，不只是名字的自動帶入，而是根據受眾需求設計不同路徑與內容節奏。真正做到「你正好需要，我剛好提供」的高價值對話。

### 三、會員經濟 × 互動式內容：讓關係變現

當你的多頁訊息不再只是單向傳遞，而是一場場設計過的價值體驗時，就能啟動一種新的商業模式——「會員經濟」。

會員經濟的核心在於：

- 透過持續互動與內容觸達，養成信任黏著度。
- 透過標籤分群與價值層級設計，提供不同等級的服務與資源。
- 透過社群、主題活動與回饋機制，營造參與感與歸屬感。

例如：

- 每週發送保戶限定的「保險小百科」、「健康小知識」，讓用戶習慣等待你的出現。
- 每月一場只限標籤為「合作夥伴」的小型聚會，提升專屬性。
- 定期設計免費諮詢、VIP 方案折扣、會員專屬體驗等。

這些設計，不僅讓人脈產生情感連結，更能在商業上形成「長期資產」與「價值複利」。

## 四、插旗山頭 × 市場區隔：讓你不可取代

多數人使用 LINE 多頁訊息，停留在「告知資訊」階段，但若你能從內容策劃、分類設計、行為追蹤到商業邏輯建立，完成一套「全方位人脈經營系統」，你就能完成市場區隔，甚至改變遊戲規則。

這正是所謂的「插旗山頭」——在你所經營的領域內，佔據一個獨特、深刻且高辨識度的位置。

而這樣的定位，需要幾個條件：

- 內容是別人不會做的（難度高、邏輯強、洞察深）。
- 系統是別人沒做出來的（有節奏、有分層、有轉化路徑）。
- 價值是競爭對手無法輕易複製的（專業結合信任、資料結合策略）。

記住這句話：「別人不會你才有機會」，在一片紅海市場中，LINE 多頁訊息若只是單純傳送，沒有靈魂。但當它變成你的「內容資產平台」、「人脈流量動脈」與「價值轉化引擎」，你就掌握了競爭優勢。

## 五、頂極思維：不是發一篇訊息，而是打造一座內容工廠

頂尖從業者對 LINE 多頁訊息的看法，不是「發訊息工具」，而是「關係設計平台」。

他們的邏輯是：

- 用內容教育市場（你不只是賣東西，而是啟發對方）。
- 用標籤追蹤人性（每個點擊都是一次心理測驗）。
- 用訊息設計成交（文案、節奏、內容都要符合用戶旅程）。

他們甚至會打造出一套完整的內容節奏引擎,例如:

- 每月三主題 × 四類標籤(A/B/C/D)× 三層轉化 CTA,對應九種動線設計。

**範例:九種動線設計對應說明**

| 動線編號 | 受眾類型 | CTA 行動 | 內容設計方向 |
|---|---|---|---|
| 1 | A 類:潛在客戶 | CTA1:輕度互動 | 吸引注意力的短影音、限時動態、品牌介紹圖卡 |
| 2 | A 類:潛在客戶 | CTA2:中度轉化 | 免費下載、加入群組、體驗申請 |
| 3 | A 類:潛在客戶 | CTA3:深度成交 | 限時優惠、首次下單專屬方案 |
| 4 | B 類:觀望者 | CTA1:輕度互動 | FAQ 教育內容、使用小技巧、社群互動 |
| 5 | B 類:觀望者 | CTA2:中度轉化 | 課程試聽、預約諮詢、申請試用 |
| 6 | B 類:觀望者 | CTA3:深度成交 | 精準對應方案推薦、強化信任感的見證 |
| 7 | C 類:準客戶 | CTA1:輕度互動 | 分享社群貼文、線上問答互動 |
| 8 | C 類:準客戶 | CTA2:中度轉化 | 活動邀約、專屬方案洽談、1 對 1 引導 |
| 9 | C 類:準客戶 | CTA3:深度成交 | 私訊報價、正式下單、簽約流程說明 |

(D 類標籤例如:合作夥伴,可能用另外的溝通機制處理,或視為進階設計)

每次推播之後即做點擊數據分析,優化下一輪內容。

這種頂級玩家的操作,已不只是訊息推播,而是完整的「人脈數據驅動＋商業系統化設計」。

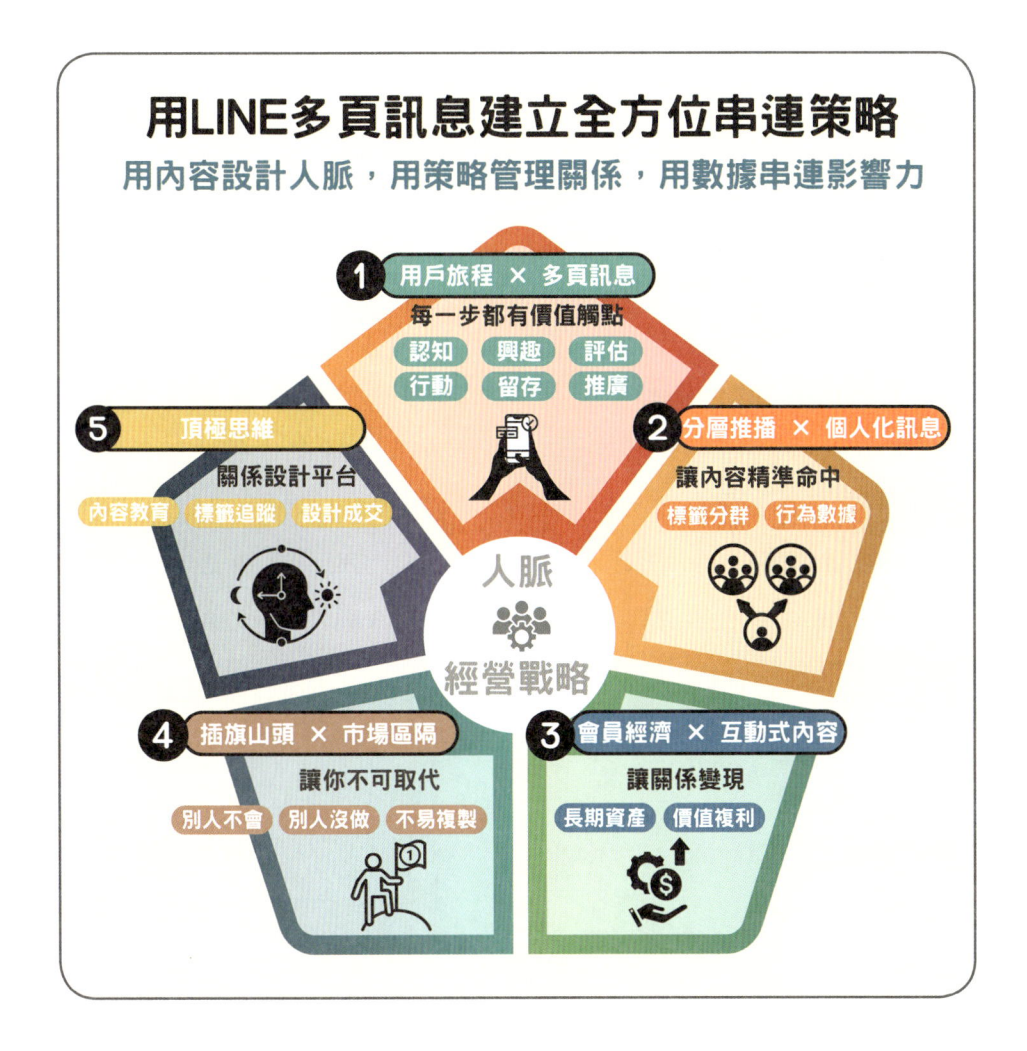

## 用LINE多頁訊息建立全方位串連策略
### 用內容設計人脈,用策略管理關係,用數據串連影響力

**1 用戶旅程 × 多頁訊息**
每一步都有價值觸點
認知　興趣　評估
行動　留存　推廣

**2 分層推播 × 個人化訊息**
讓內容精準命中
標籤分群　行為數據

**3 會員經濟 × 互動式內容**
讓關係變現
長期資產　價值複利

**4 插旗山頭 × 市場區隔**
讓你不可取代
別人不會　別人沒做　不易複製

**5 頂極思維**
關係設計平台
內容教育　標籤追蹤　設計成交

**人脈經營戰略**

### 從訊息工具,升級為人脈經營戰略武器

當你善用 LINE 多頁訊息,不只是做「資訊傳遞」,而是打造一座「私域流量基地」,你的人脈經營將會從感性互動走向理性商業,從短期行銷走向長期關係資產。

別忘了:

與眾不同到競爭對手無法取代,就算要取代你,也要付出極大的代價。

用內容設計人脈,用策略管理關係,用數據串連影響力。你所插旗的每一座山頭,都是未來市場中你獨佔的戰略位置。

現在就開始,設計你的多頁訊息,用「頂極思維」讓每一次觸達都產生深刻價值,讓你在人脈市場中立於不敗之地。

# 5-6
# 從人脈鏈到成交點線面：
# 用 LINE 多頁訊息打造商務連結場域

在高度競爭的保險與顧問行業，想要單靠人力一個個談、一個個成交，已經不符合現代效率。你需要的，是一套結構化、可複製、可放大的系統，將「人脈鏈」真正轉化為商務成交的點線面。而 LINE 多頁訊息，正是這個系統中的核心關鍵——串聯關係、推動互動、深化信任、實現成交的全方位工具。

## 一、人脈鏈 × 成交轉換：讓關係成為資產

保險與顧問業最具價值的資產，不是商品，不是話術，而是「人脈鏈」。

人脈鏈是你與不同圈層、不同產業、不同信任程度的人的總連結。而「成交轉換」則是將這些人脈，從認識轉化為信任，從信任轉化為合作，最終導入成交。

這中間的關鍵，不在於你多會講，而在於你是否有系統地在進行以下三件事：

**1. 關係深度經營：**不是見過一次就斷線，而是用有節奏的內容與互動，持續累積熟悉感與信任值。

**2. 價值交換模式：**不以銷售為出發點，而是「我先給你一些對你有幫助的資訊、工具、資源」，先利他，才有信任的空間。

**3. 轉介紹機制設計：**不是被動等人介紹，而是主動設計好流程、

話語策略與獎勵,讓介紹變成一種自然且有誘因的動作。

## 二、用 LINE 多頁訊息打造「從線索到成交」的商務場域

LINE 多頁訊息不只是傳訊息的工具,它是你打造一個完整商務場域的起點。透過設計好的內容模組與互動流程,你可以精準管理「人脈鏈」中每一個潛在成交對象的旅程。

### 以下是實戰導向的五階段轉換模型:

**1. 引流｜蒐集潛在人脈**

- 利用社群、講座、合作曝光等方式,讓潛在人脈加入你的 LINE 或群組。
- 使用免費下載(如理財罐頭模板、保單健檢表)做為引流誘因。

**2. 培養｜建立初步信任**

- 透過 LINE 多頁訊息,分批送出:「認識你」、「你能解決什麼問題」、「他人成功案例」等內容。
- 加入互動問答模組或「Google 表單」詢問對方目前的狀況與需求,開始標籤分群。

**3. 互動｜引導對話**

- 針對標籤類型進行對應的內容推播(例如:家庭保險 VS. 投資規劃 VS. 高資產傳承)。
- 運用「精準推播策略」降低訊息干擾,提高點閱率與回覆率。

### 4. 成交｜引導預約與合作

- 當對方表現出興趣，馬上推播「預約一對一諮詢」、「免費健診報告」、「報價試算模組」。
- 在 LINE 多頁訊息中設計「我要預約」或「我要報名」按鈕。

### 5. 回訪與轉介紹

- 客戶成交後推送滿意度調查與「轉介紹獎勵計畫」。
- 邀請寫見證或推薦文，加進「口碑行銷與信任堆疊」流程。
- 將這些好評內容整合成多頁訊息範本，變成下一波的信任強化工具。

## 三、設計一個「口碑與轉介紹」的自動增長機制

保險與顧問業的成長，其實大多來自介紹。但許多人都忽略了：轉介紹不是靠運氣，是靠設計出來的。

透過 LINE 多頁訊息，你可以設計一套完整的介紹機制，並讓它自動化：

- 讓人想介紹你：你的專業內容是否夠「好轉發」？是否有一頁明確介紹你是誰？你幫助了哪些人？這些都可以是一個多頁訊息的範本。
- 讓人知道怎麼介紹你：設計一張「好友轉發卡」或「一鍵轉發教學頁」，讓對方知道怎麼說、怎麼做才會有效。
- 讓介紹者有成就感或回饋：推薦成功就送專屬顧問諮詢、折扣、禮品等。這就是價值交換模式的延伸設計。

## 四、LINE 多頁訊息應用重點模組

以下是適合保險與顧問業者使用的 LINE 多頁訊息模組建議，每個模組都可視不同名單屬性進行客製化推播：

**1. 你是誰？你幫誰？怎麼幫？（專業定位模組）**
**2. 五大錯誤理財觀念（並附解法）（痛點啟發模組）**
**3. 客戶見證與成功案例集（信任堆疊模組）**
**4. 立即預約健檢／諮詢表單（成交行動模組）**
**5. 好友推薦你有禮活動頁（轉介紹推動模組）**

這些模組組合起來，就是一套精準而有層次的成交推進系統，不僅幫你節省時間，更讓成交轉化「有策略可依、有路徑可循」。

## 五、打造專屬你的商務生態系：不靠人找，靠系統「吸」

一套好的 LINE 多頁訊息系統，就像一個 24 小時不打烊的業務團隊。

它能幫你：

- 建立起「人脈槓桿」：一位滿意的客戶＝三位被動進來的新客戶
- 創造「信任自動堆疊機制」：每一次出現都強化你的專業地位與價值感
- 延伸「私域商務場域」：你不再被動等流量，而是主動經營流量入口與成交通道

讓你的事業，不再是靠你一對一談成績，而是靠一套能將「人脈鏈」變成「成交鏈」的系統，自動滾動成長。

# 從人脈鏈到成交點線面
## 用LINE多頁訊息打造商務連結場域

**人脈鏈** Network of connections → 從線索到成交 五階段轉換模型 → **成交** Transaction

**5 LINE STEP**

| 1 引流 Acquisition | 2 培養 Nurturing | 3 互動 Interaction | 4 成交 Conversion | 5 回訪與轉介紹 Loyaltvand Referral |
|---|---|---|---|---|
| 蒐集潛在人脈 | 建立初步信任 | 引導對話 | 引導預約與合作 | 邀請見證或推薦 |

### 人脈不是數量，而是轉化能力

從「人脈鏈」到「成交點線面」，關鍵不在於你認識幾個人，而在於你有沒有一套方法，將認識變信任、信任變合作、合作變轉介紹。

LINE 多頁訊息，不只是工具，而是你轉化人脈、放大影響、打造商務生態系的策略載體。當你有一套清晰的內容系統、推播邏輯與價值轉換設計，你的關係網就不再是雜亂無章，而是變成一張結構清晰、持續成長、以成交為導向的人脈網。

人脈不是收藏，是設計來成交的。誰先設計出轉換流程，誰就先掌握這場遊戲的主導權。

## chapter 6
# 綿延不斷的交集價值

人脈，不該是一次性碰撞後的漣漪，而是綿延不斷的交集價值。真正有溫度長久的人際關係，不只是交換名片、加個 LINE，而是彼此在不同階段，還能不斷產生新的連結、擦出新的火苗。這，就是永續人脈的關鍵。它像是一條看不見的絲線，時而緊密、時而鬆弛，但始終不斷，總能在你需要的時候，拉出力量。這一章，我們不談短期的熱絡，而是要談談──怎麼讓人脈成為長久發光的資產，不是用完就丟，而是一直都在。

- 6-1 人脈交錯的能量場.
- 6-2 人脈金字塔升級：深耕核心關係與拓展外圍圈層
- 6-3 成為永續關係經營的頂尖高手
- 6-4 人脈拼圖的終極奧義：讓每一塊都變得不可或缺
- 6-5 建立多向流動的互惠網絡
- 6-6 值得終身託付的對象

# *6-1*
# 人脈交錯的能量場

在當代商業競爭日益激烈的情況下，單打獨鬥早已難以為繼，真正能夠脫穎而出的從業者，不僅是專業能力強，更擅長「編織人脈網絡」，並透過這張網絡創造出超越個人極限的能量場。在這樣的交錯網絡中，產生的不只是聯繫，更是一種資源互補、價值疊加、關係放大的乘法效應。

這就是所謂的「人脈交錯的能量場」──當不同圈層的人脈、資源、知識與影響力交會時，會激發出強大的合作能量與策略性成長潛力。它不僅是人與人之間的互動，更是「有形與無形的交互關係」所形成的場域力量。

### 一、破圈：跳脫慣性圈層，開啟「價值鏈連結」

多數人在建立人脈時，容易陷入同溫層──產業相同、角色相似、觀點雷同。然而，真正的成長與突破，來自於「破圈」。

破圈的本質，是將自己從熟悉的社交舒適圈中拉出，接觸不同領域、不同產業、甚至不同價值觀的人，透過橫向策略進行擴展，縱向策略進行深挖，建立一張交錯密布、動態活絡的「人脈交錯能量場」。

所謂「高階思維」，就是不以單一關係為滿足，而是以策略經營眼光，評估每一個人脈節點可能串聯出的價值鏈潛力：

- 此人是否處於某個產業或社群的關鍵節點？
- 背後的人脈資源是否能串聯你現有網絡中尚未覆蓋的區塊？
- 是否能提供對方需要的協助，成為彼此價值交換的支點？

透過這樣的「價值鏈連結」視角，人脈將不再是孤立點，而是能夠相互啟動的引擎。

## 二、人脈價值鏈的連結：打造橫向與縱向的合作策略

在經營人脈的過程中，我們可以用企業常見的「供應鏈管理」思維來做類比——有上游的供應端、有下游的銷售端，也有同業、異業的合作方。這正是「人脈價值鏈」的本質：

- 縱向策略：向上連結能提供資源、知識、權威性的人脈，例如：業界前輩、專家顧問、業主決策者。
- 橫向策略：向側面拓展異業合作、策略聯盟、互補關係，例如：跨領域創業者、互惠社群經營者、媒體與推廣通路。

透過這兩條主線的交錯串聯，就能建立一個兼具深度與廣度的「人脈價值鏈」。這不僅僅是為了拓展人數，更重要的是創造合作的可能性，提升成交轉換的效率與規模。

## 三、能量場的啟動：有形無形的交互關係

「人脈能量場」的真正價值，來自於「交互關係」的設計與經營。

有形的交互關係，是你能看見的價值輸出與交換，比如共同辦活動、資源共享、業務合作、轉介紹等。

無形的交互關係，則是信任的累積、情感的連結、價值觀的共鳴，這些才是能量場能否持久的根基。

例如：

- 你與一位顧問業界領袖建立關係，雖然初期沒有商業合作，但透過不斷互動與分享專業內容，逐漸建立信任，他未來可能成為你進入大型企業市場的門票。
- 在保險業中，與高淨值客戶有良好的互動關係，當他們遇到需要特定產品的客戶時，自然會第一時間想到你。

這些無形互動，如同電場與磁場一樣，雖無法量化，但卻是「高價值客戶經營」的核心力量。

### 四、A 級關係經營：策略性選擇合作對象

在深度經營策略中，也不是所有關係都值得花大量心力維持，有時也需要為人脈修剪枝葉。因此，我們要學會識別與培養所謂的「A 級關係」。

#### A 級關係的標準包括：

1. **價值對等**：你能提供對方價值，對方也具備資源或影響力反饋給你。
2. **互動穩定**：彼此有固定的交流節奏與合作潛力。
3. **信任累積**：對方願意為你背書、轉介紹、共享資源。

這類關係的經營，不只是「熟」，而是「深」。

而最有效率的方式，就是把這些 A 級關係，設計成「合作資源地圖」，從而進行策略性串聯。舉例來說：

- 保險業者可與健檢中心、高資產理財顧問合作，構建「高淨值生活照護網」

- 顧問業者可與培訓講師、平台方、出版方合作，打造「知識變現生態圈」

這些串聯本質上是關係的設計與佈局，當你有「意識地讓人脈交錯」，你也就啟動了「人脈槓桿」。

## 五、創造人脈背後的人脈：從交集到倍增

真正強大的人脈圈，不是你擁有多少人脈，而是你能否觸發「人脈背後的人脈」。

這正是策略性經營的重點——不是每個人都要你親自互動，而是你能否讓一位核心節點成為你的「關係代理人」，幫你觸及更大範圍的潛在人脈。

這種方式的本質，是用信任作為交換的工具，用價值作為交易的籌碼。當你的合作對象因為與你合作而獲得名聲、資源、成果時，他會願意主動把你介紹給更多人，這就形成一種可自我增長的合作網。

而要觸發這樣的「核聚變式成長」，你必須具備三個條件：

**1. 清楚的價值定位（你是做什麼的？為誰解決什麼？）**
**2. 提供可轉化的價值資源（對方拿了可以立刻用）**
**3. 清晰的合作節奏與機制（方便他轉介紹，不用額外負擔）**

這樣的人脈策略，才是真正符合「高階思維」與「破圈」原則的商業關係佈局。

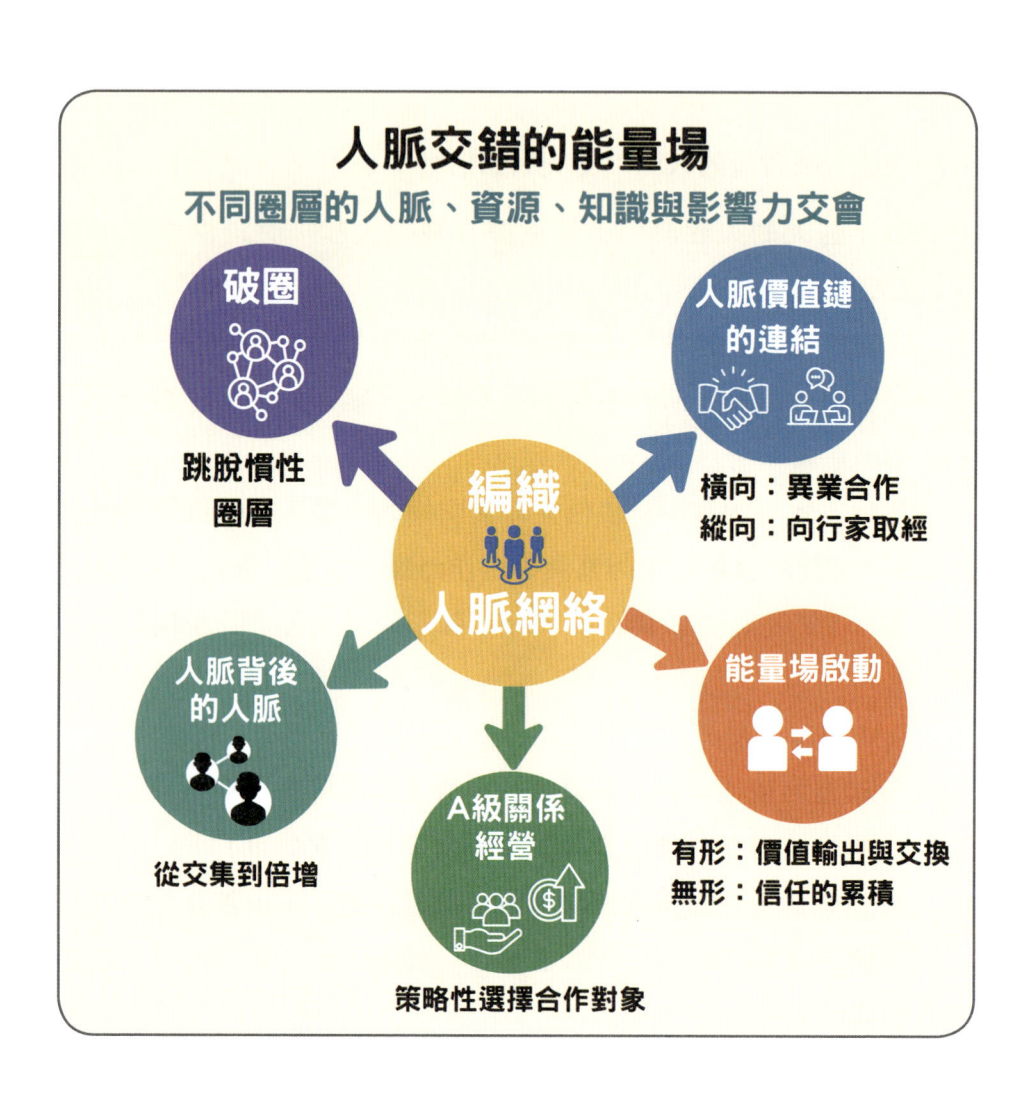

# 人脈交錯的能量場

不同圈層的人脈、資源、知識與影響力交會

**編織人脈網絡**

- **破圈**：跳脫慣性圈層
- **人脈價值鏈的連結**：橫向：異業合作／縱向：向行家取經
- **能量場啟動**：有形：價值輸出與交換／無形：信任的累積
- **A級關係經營**：策略性選擇合作對象
- **人脈背後的人脈**：從交集到倍增

### 讓人脈變成乘法，不只是加法

人脈交錯的能量場，不是關係的堆疊，而是策略的設計。

它讓你跳脫一對一的努力，走向一對多、一連多的槓桿效益；它讓你不再只是依靠努力拓展，而是靠價值、信任與節點合作，創造可擴張的人脈網絡；它讓你從經營人際關係，進化為經營一場具有系統性、策略性、可持續的人脈運作模型。

而這一切的起點，就是你有沒有勇氣「破圈」，願不願意走進那張交錯而充滿潛力的能量場。

# 6-2
# 人脈金字塔升級：
# 深耕核心關係與拓展外圍圈層

在人脈經營的世界中，有一個廣為流傳卻極少被策略性運用的觀念：人脈就像金字塔。底層寬廣，數量眾多，代表你觸及的各種淺層關係；中層是相對熟悉、有互動、有信任基礎的圈層；最頂層，則是少數深耕、有商業價值與長期互動可能的核心人脈，也就是你的人脈資產。

成功的人脈經營者，不是認識最多人，而是能「從金字塔底部開始」，一步一步深耕、升級、升溫，最後在頂層建立強大且穩定的支持網絡。這一節，我們將揭示「用金字塔模型打造人脈資產」的策略與方法，並提出具體行動方案，幫助你在人脈世界中不斷升階，開拓真正的商機與合作能量。

## 一、金字塔模型：人脈成長的策略地圖

人脈金字塔可以分為三個層級，對應不同的社交互動密度與資源轉換潛力：

### 1. 底層：廣度觸達圈（陌生＋泛熟人）

- **特徵**：數量龐大、互動淺薄、信任尚未建立。
- **功能**：品牌曝光、資訊傳播、機會蒐集。
- **策略**：採取「下層擴展」策略，運用社群媒體、LINE 多頁

訊息、公開演講或內容經營擴大能見度。

### 2. 中層：互動信任圈（熟識＋互動中）

- **特徵**：有過合作或深入溝通，具有信任與互動基礎。
- **功能**：形成推薦、互相支援、潛在轉化。
- **策略**：進行「策略培養」，例如：定期聯繫、參與活動、主動介紹資源，深化連結感。

### 3. 頂層：核心資源圈（貴人＋長期合作）

- **特徵**：長期信任、高互動頻率、願意主動支持你。
- **功能**：提供關鍵資源、人脈轉介、商業合夥。
- **策略**：「深耕核心人脈」，進行一對一高品質互動、價值交換、共同成長，甚至共同投資或策略合作。

這三個層級並非靜態分類，而是動態升級模型——透過設計好的策略與互動機制，可以讓底層人脈逐步向上遷移，最終轉化為你事業與人生的「貴人資源」。

## 二、社交層級模型：定位與對應策略

要讓人脈從底層走向頂層，必須配合一套清晰的「社交層級模型」，並以策略思維引導對應的經營方式。這是一種結合社交心理學與商業策略的視角，幫助我們更有效率地配置時間與精力。

| 層級 | 關係特性 | 經營策略 |
| --- | --- | --- |
| 公開圈 | 完全陌生或弱連結 | 增加曝光、建立第一印象 |
| 社交圈 | 有互動、互加好友 | 引發興趣、持續觸達、建立信任 |
| 信任圈 | 頻繁互動、開始合作 | 提供價值、深化連結、建立默契 |
| 資源圈 | 願意分享人脈或資源 | 高頻互動、共同創造、共同推廣 |
| 核心圈 | 願意為你站台或背書 | 合作共贏、戰略夥伴、共同目標 |

這樣的「社交層級模型」讓我們在人脈經營時，避免平均分配時間與心力，而是集中火力在「關鍵升級點」，讓有潛力的人脈一路從外圍圈層進入核心戰略資源圈，打造真正有戰鬥力的人脈網絡。

### 三、深耕核心人脈：貴人是「養」出來的

「貴人運」並非天生，而是來自策略性的深耕。頂層人脈資源的打造，重點不在數量，而在質量。關鍵在於：「你是否值得對方投入？」這裡提供三個打造核心人脈圈的原則：

#### 1. 主動創造價值交換場景：

不是只有在自己需要時才找對方，而是「主動」發現對方的需

求，提供資源、介紹人脈或知識協助。

**2. 拉近頻率，建立默契：**

貴人往往是觀察型，願意出手的人，都需要先長時間信任與默契的培養。定期約對話、共同參與活動，是拉近關係的有效方式。

**3. 定位明確，成為可倚賴角色：**

讓對方一想到某類問題，就想到你。這種「角色定位」的清晰，會讓你成為人脈網中的常駐節點。

正如那句話：「真正的貴人，不是你去找的，是被你吸引來的。」而這種吸引力，來自你清晰的價值、穩定的行為與高階的思維習慣。

## 四、上層滲透與下層擴展：雙軌佈局的黃金法則

一個穩定成長的人脈金字塔，不僅要向上發展，也要向下擴展。

**上層滲透（Top-Down Strategy）：**

- 透過共同專案、核心圈介紹、價值貢獻切入更高層次的影響力圈層，如協會理事、行業領袖、企業主。

**下層擴展（Bottom-Up Strategy）：**

- 持續經營新進名單、新興圈層、異業圈、行業邊界人脈，擴大接觸面，提高可能性與發酵性。

雙軌並進的策略，才能讓你的金字塔穩固又有動能，兼顧「深耕」與「擴張」，最終建立一個「有厚度、有延伸性」的社交資本平台。

# 人脈金字塔升級
## 深耕核心關係與拓展外圍圈層

**上層滲透** ↗

金字塔：
- 核心資源層（貴人＋長期合作）
- 互動信任圈（熟識＋互動中）
- 廣度觸達圈（陌生＋泛熟人）

**下層拓展** ↘

**深耕核心人脈：「養」貴人**
- 主動創造價值交換場景
- 拉近頻率，建立默契
- 定位明確，成為可倚賴角色

→

**社交層級模型：定位與對應策略**
- 公開圈：完全陌生或弱連結
- 社交圈：有互動、互加好友
- 信任圈：頻繁互動、開始合作
- 資源圈：願意分享人脈或資源
- 核心圈：願意為你站台或背書

兼顧「深耕」與「擴張」，最終建立一個「有厚度、有延伸性」的社交資本平台

### 人脈金字塔不是追人，而是讓人追你

當你清楚知道自己在人脈金字塔中的角色定位，並且用策略性經營深耕核心圈，同時不斷擴展外圍觸角時，你會發現：你不再是那個苦苦經營關係的人，而是那個——別人想要接近、想要合作的對象。

從「認識很多人」到「讓很多人想認識你」，這中間的關鍵，就是——你是否有系統、有策略地在人脈金字塔中升級自己，讓你的社交資本變成長期可變現的人脈資產。這，就是人脈金字塔的真正力量。

# 6-3
# 成為永續關係經營的頂尖高手

在人脈經營這條漫長的路上，有一句話常被低估：「人脈成功是一種旅程，不是一場衝刺。」頂尖的關係經營者，不僅在於他們認識多少人，而在於他們能否讓對方「長期記得你、信任你、願意與你共好」。真正永續的關係，不是靠頻繁的聯繫堆疊出來，而是靠策略與深度所建構而成。這一節，我們將聚焦於：如何讓你在人脈網中屹立不搖，成為他人心中「不可取代」的存在。

## 一、讓人記住的特色：人脈長久的第一步

在這個資訊爆炸的時代，每天有成百上千的訊息從每個人眼前掠過，你要如何從中脫穎而出？答案是：「讓人記得你」。

這裡的記住，絕非只是臉孔或名字，而是你獨特的「人設」與「標籤」。當別人遇到某個問題時，能立刻想到你、甚至主動來找你，那才是真正的存在感。

### 打造「讓人記住的特色」的關鍵策略如下：

**1. 聚焦利他主軸：**

- 你幫助的是什麼樣的人？解決什麼問題？你服務的「受眾」與「解決方案」要非常清楚。

**2. 明確可辨識的定位：**

- 用一句話講出你的價值，例如：「我專門協助保險顧問用 LINE 多頁訊息提升轉單率」、「我專幫顧問業打造高信任關係的商業場域」。

**3. 創造情感記憶點：**

- 故事性、幽默感、強烈的觀點、情緒共鳴等，都是讓人記住你的加分武器。

只要你能做到「與眾不同」，你就能擁有一個「贏向未來的關鍵」。在這場人脈博弈中，記憶就是通行證，誰被記住，誰就有優勢。

## 二、信任力建構：屹立不搖的信賴感

真正高效的人脈關係，不只是在需要時能聯絡，而是在「不需要你時也願意傾聽你說話」。而這背後的基礎就是：屹立不搖的信賴感。

信賴感的建立並非靠一次性的交易，而是來自長時間的「一致性輸出」。以下是打造信賴的三個要素：

**1. 專業穩定性：**

- 持續在你的專業領域中分享洞察、案例、方法論，打造「權威保證」的形象。讓人感受到你不只是熱情，而是可靠。

**2. 個人誠信力：**

- 說到做到、不亂許下承諾、不講空話，在言行中展現一致性，建立人格信任。

**3. 價值頻率輸出：**

- 透過 LINE 多頁訊息、社群貼文、內容分享，定期給予實用的資訊與觀點，讓人不知不覺依賴你的內容。

當你能建立一種信賴的節奏傳遞給對方，對方就會將你納入他的「心智名單」，並在機會出現時，優先選擇與你合作。

## 三、人脈槓桿的運用：從一對一到一對多

頂尖的人脈經營者，從不滿足於單點互動，他們懂得運用「人脈槓桿」，讓每一段關係不只是單次互動，而是連動其他資源、機會甚至成交的起點。

### 這裡有幾個「關係槓桿化」的實戰策略：

**1. 轉介紹機制：**

- 設計制度化的推薦流程，例如：介紹朋友即贈顧問時數、LINE 課程、免費資源包等，讓人有動機幫你擴張人脈。

**2. 價值交換模式：**

- 用「我有你缺、你有我需」的雙向利他關係，強化建立連結。例如：保險顧問與會計師、法律顧問互推，打造異業共生聯盟。

**3. 口碑行銷與信任堆疊：**

- 持續公開客戶見證、成功案例、合作回饋，讓「別人幫你說話」，信任感與轉化率倍增。

永續經營的關係，是有設計、有節奏、有槓桿的長期工程，並

非單靠人情或努力就能成功。

## 四、從關係深度經營到成交轉換：用「LINE 多頁訊息」打造商業橋樑

關係若無轉換機制，最終只是消耗能量。因此，真正的高手，懂得將「關係深度經營」與「成交轉換」自然整合，讓價值在彼此之間流動、放大。

「LINE 多頁訊息」正是一個關鍵載體。你可以透過以下策略，把人脈流量導入成交通道：

1. **精準推播策略**：依照對方的角色（保險客戶、顧問合作夥伴、異業資源）設計不同的內容模組與訊息話術。
2. **轉化場景設計**：設計從認識→教育→試用→轉換的完整漏斗，設計預約系統、申請表單……等按鈕。
3. **關係追蹤系統**：每一次點擊、互動、回應，都成為你優化話術、再行銷策略的重要依據。

這些機制，讓人脈不再只是「知道你的人」，而是真正參與你價值網絡的一份子。

## 成為永續關係經營的頂尖高手
### 讓對方「長期記得你、信任你、願意與你共好」

**讓人記住的特色：人脈長久的第一步**
- 聚焦利他主軸
- 明確可辨識的定位
- 創造情感記憶點

**信任力建構：屹立不搖的信賴感**
- 專業穩定性
- 個人誠信力
- 價值頻率輸出

**人脈槓桿的運用：從一對一到一對多**
- 轉介紹機制
- 價值交換模式
- 口碑行銷與信任堆疊

**從關係深度經營到成交轉換：用「LINE多頁訊息」打造商業橋樑**
- 精準推播策略
- 關係追蹤系統
- 轉化場景設計

### 成為別人生命中「值得長期往來的人」

想成為永續關係經營的頂尖高手,你需要的不僅是熱情與耐力,更需要的是策略與差異化。

讓人記得你、信任你、願意與你共創未來,是一種綜合能力的展現。而這一切的前提,是你是否願意經營好自己,讓自己成為那個「與眾不同、權威可靠、持續創造價值」的人。

正如那句話說的:

「贏向未來的關鍵,是讓自己成為無法取代的人。」

在人脈旅程中,你的每一份用心、每一場互動、每一次輸出,都在為你的關係資本加分。持續走在策略性利他與專業輸出的路上,終有一天,整個人脈圈層會為你開路,讓你真正成為——永續關係經營的頂尖高手。

# 6-4
# 人脈拼圖的終極奧義：
# 讓每一塊都變得不可或缺

在人脈經營的高度競爭場域中，最終的勝利者，不是認識最多人者，而是能將社交放射網編織成「人脈拼圖」，並讓每一塊都成為不可或缺的一環。這不僅是一種整合的藝術，更是一種策略性思考的展現。懂得如何讓自己在人脈拼圖中發揮最大價值，便能創造一個自帶動能的關係場域。

## 一、人脈拼圖的第一步：先明確你要拼出什麼圖

在進行任何人脈佈局前，你必須先思考：「我想要拼出什麼樣的關係網？」這是一種目標導向的策略設計，而非隨機認識一堆人。

這個「拼圖藍圖」可能是：

- 打造業界的跨域合作平台。
- 拓展高淨值客戶的人脈圈層。
- 建構知識變現或影響力變現的商業鏈絡。

當你有了清晰的藍圖，你在認識每一個人時就會知道：這塊拼圖放在哪裡才對、它補上了我哪個缺口、我還缺哪一塊才能完整。這種策略性的人脈思維，讓每一次的社交與互動，都有明確方向。

## 二、思考迴路：讓人脈網變成思考網

多數人只把人脈當成「誰認識誰」，但頂尖人脈經營者會把人脈視為一種「思考迴路」——

你不只是連結對方，更是借用對方的資源、經驗、視角，豐富自己的判斷與選擇。

這種「人脈即思考網」的概念，會讓你在人際互動中不斷升級自己的認知，並藉由彼此的交流，建構更有價值的資訊流與機會流。

## 三、人脈雷達：讓你看見還沒發生的機會

「人脈雷達」指的是對人脈背後的機會擁有高敏感度與高解析力。不是等機會出現才行動，而是提前感知脈絡、找到合作切點。

例如：

- 保險顧問若能提早連結醫療產業的領袖，便可能在健康風險管理領域開創新市場。
- 顧問業者若擁有人力資源圈層的人脈，便可能成為企業轉型顧問的優先合作對象。

人脈雷達能讓你做到「市場還沒開始，你就已經在場」的領先優勢。

## 四、多圈層觸達：打造跨領域聯動效應

真正強大的人脈經營，必須突破單一領域限制。所謂多圈層觸達，是將人脈區隔為不同面向，並分別制定相應的經營策略：

- 產業圈層：保險、教育、科技、餐飲、金融等。

- 地理圈層：北中南分區、國內外市場。
- 職能圈層：業務、行銷、人資、研發、行政、財務。
- 興趣圈層：運動、閱讀、旅行、創業、公益。

將這些圈層視為「人脈拼圖」，每一塊雖然獨立，但你可以根據自己的專業角色與價值主張，設計出貫穿所有圈層的主軸，讓你在每個圈層中都能發揮不可取代的角色。

## 五、人脈拼圖的組裝關鍵：成為別人拼圖中的「中心塊」

每一個人脈拼圖都代表一種價值關係。你要問的是：如何讓自己變成別人拼圖中最重要的一塊？

方法如下：

1. **明確定位**：讓人清楚知道你在提供什麼價值、解決什麼問題。
2. **利他價值**：以「你怎麼幫助別人成功」為主軸，而非「你從別人那裡得到什麼」。
3. **關係深耕**：對 A 級關係投注更多精力與資源，創造長期共贏關係。
4. **專業武裝**：讓你在自己的領域中成為「解決問題的第一人選」。

只有當你成為「無法被取代」的那一塊拼圖，你才會自然而然被所有人脈拼圖主動納入。

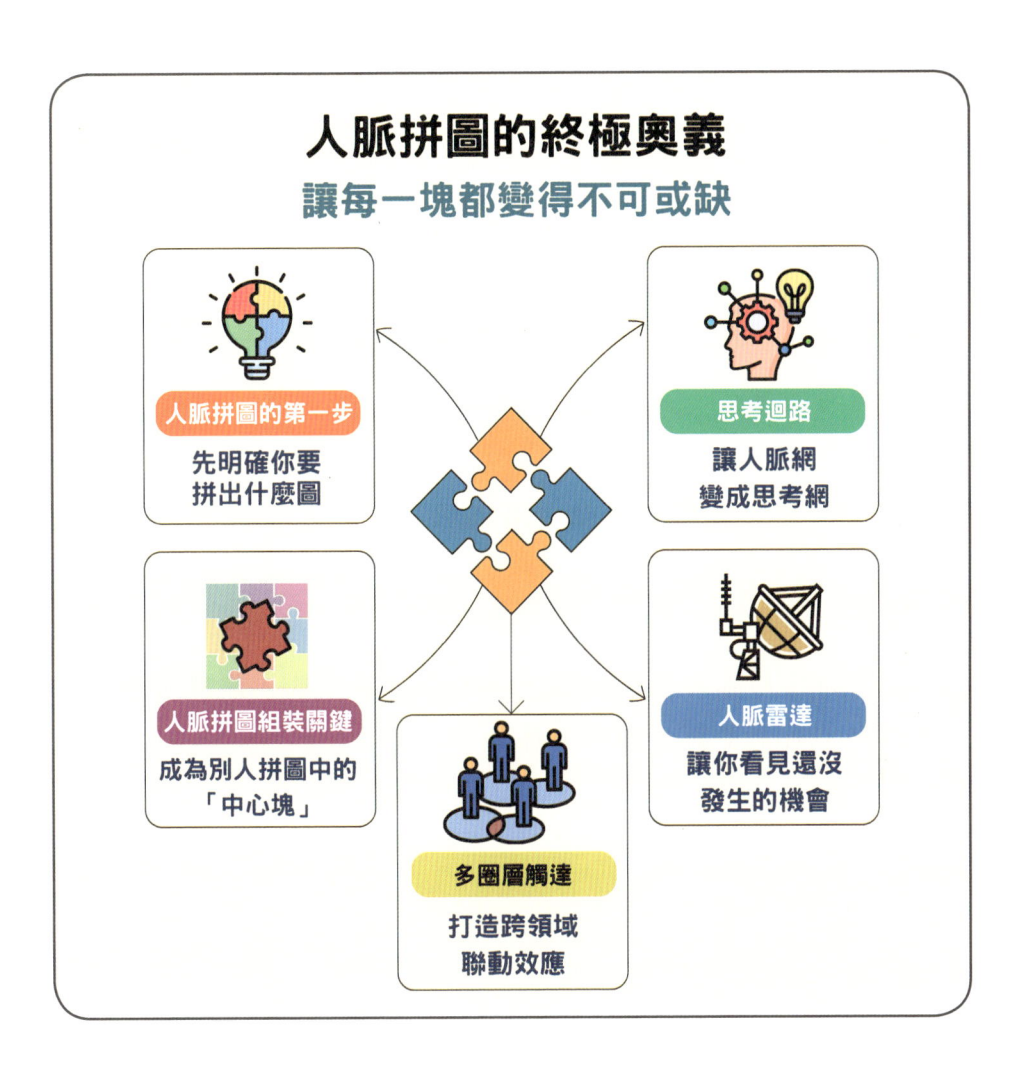

# 人脈拼圖的終極奧義
## 讓每一塊都變得不可或缺

**人脈拼圖的第一步**
先明確你要拼出什麼圖

**思考迴路**
讓人脈網變成思考網

**人脈拼圖組裝關鍵**
成為別人拼圖中的「中心塊」

**多圈層觸達**
打造跨領域聯動效應

**人脈雷達**
讓你看見還沒發生的機會

### 拼圖最強者，才是人脈整合者

頂尖的人脈經營者，就像是人脈拼圖的設計者。他們懂得運用拼圖藍圖、思考迴路、人脈雷達與多圈層觸達，將每一段關係整合成彼此強化、相互支持、聯動共生的網絡。

在人脈拼圖的世界裡，真正的高手，不是擁有最多拼圖的人，而是能讓每一塊都不可或缺、發揮最大價值的整合者。

正如你的人脈拼圖一塊一塊被你精準安放，你將不只是參與者，而是整張拼圖的主導者。

# 6-5
# 建立多向流動的互惠網絡

在高效能的人脈經營模式中,真正能持續運作的網絡並非單向施與,而是能產生「多向流動」的互惠系統。這樣的系統運作,就像一個不停轉動的飛輪,每一次的付出都能在另一個節點產生回饋,而這份回饋又能再帶來下一波資源與連結。

這種結構,既是高信任圈的養成方式,也是進入人脈頭等艙的關鍵入場券。

## 一、建立互惠文化的核心信念:「想坐人脈頭等艙,要願意付出代價」

許多人在經營人脈時只想收穫,卻不願主動給予。但在真正高效的人脈圈中,「先給予」才是進入遊戲的門票。

所謂「想坐人脈頭等艙,要願意付出代價」,就是說:當你願意為他人創造價值,你也將成為價值流通中的關鍵節點。

例如:

- 你提供一套「LINE 多頁訊息」系統工具給朋友 A 使用,A 使用後受益,主動在社群中分享心得給朋友 B;B 對此產生興趣,便主動聯繫你,形成「你→A→B→你」的資源循環。
- 你主動幫朋友曝光他的商品與服務,朋友受到鼓舞,邀請你參與他們的商業聚會,你在聚會中拓展了新資源,之後將這些資源回饋給原本的社群,形成多向流動的「互惠迴路」。

## 二、養成「多向流動的互惠迴路」：資源來自你的分享意圖

所謂「多向流動的互惠迴路」，是指在網絡中，你不再只是單點施予或單線索取，而是成為資源流動的交會點與觸媒。

這樣的互惠模式能讓人脈產生以下幾種良性循環：

1. **轉介紹效應**：A受惠後主動向B推薦你，B進而成為你的新資源。
2. **角色互補協作**：你與不同背景、專長的人合作，讓價值網絡不斷擴大。
3. **內容再創造**：你的輸出被他人轉化為更多內容，產生共創與共鳴。
4. **平台化思維**：你主動整合資源，成為他人交流的場域。

這些流動的基礎在於「信任」與「利他」，一旦養成文化，便能從個人網絡升級為多點多向的互助場域。

## 三、五個核心步驟，打造互惠網絡

要建立可持續的互惠迴路，可以從以下五個核心步驟著手：

### 1. 明確你的核心價值與角色定位

明白你能為他人帶來什麼價值？是專業諮詢？技術支援？行銷曝光？活動資源？

這樣的定位不只是讓別人知道你是誰，更讓他人知道「什麼時候需要你」。

### 2. 找出可互補的資源方與合作人

建立角色互補的夥伴關係。你不需要與每個人競爭，而是找出

價值互補者，共創成果。

例如：你擅長內容行銷，可以與擅長活動規劃或影片製作的人結盟，一起打群架。

### 3. 主動釋出價值，成為節點中的資源中樞

別等別人來問，主動提供資源是開啟信任的最佳方式。分享、引介、建議、統整資源，都是建立「我可以幫助你」的證明。

### 4. 養成「迴路意識」，設計資源回流的節點

像設計行銷漏斗一樣設計人脈互惠迴路。問自己：

- A 用完資源後，怎麼讓他有機會回饋我？
- B 怎麼從 A 那裡知道我？
- 我怎麼讓 A 與 B 之間產生合作，而我又變成其中的樞紐？

### 5. 建立互惠文化與參與規則

在你主導的社群或網絡中，打造一種「大家都樂於給予」的文化氛圍。例如：

- 主動分享最新資源
- 替別人曝光或讚賞
- 在公開場合互相背書與感謝

有文化，才有持續性；有規則，互惠才不會流於失衡。

### 四、高信任圈的形成：從多向互動中浮現的精英場域

「高信任圈」不是靠身分建立，而是靠長期互動累積。當你持續與人發生互惠的來往，自然會產生一群「信得過你也願意與你並肩作戰」的核心人脈。

這些人會在你有需要時主動協助，也會在他們有機會時主動拉你一把。高信任圈不是你去要求來的，而是你經營出來的。

- 幫助一個人，不求回報，但他自動回報，你們的信任升級。
- 給予一個資源，他使用後轉化成新機會，你被拉入下一圈層。

長期下來，這樣的互動網將把你送上影響力的高峰。

---

#### 讓互惠變成文化，而非偶發事件

頂尖人脈經營者，最終都會進入一種狀態：他們的存在就是資源節點，他們的出現就是信任憑證。

你不用是最強的資源擁有者，但你可以是最有價值的資源流動者。

透過主動給予、策略合作、角色互補、迴路設計與文化養成，你可以讓你的人脈圈從單點連結變成多向互動，從被動接收變成主動主導。

這樣的互惠網絡，才是真正能陪你走長久、穿越高低潮、創造雙贏局面的長線經營。

因為——你不是在人脈裡混時間，而是在人脈裡，建造未來。

# 建立多向流動的互惠網絡
## 進入人脈頭等艙的關鍵~願意付出代價

**五個核心步驟,打造互惠網絡**

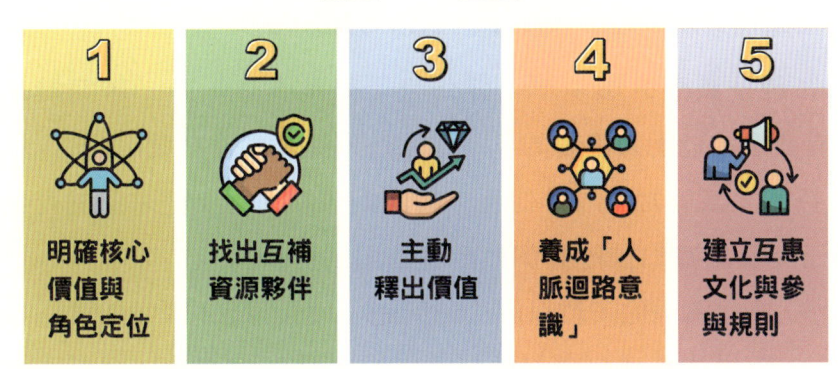

1. 明確核心價值與角色定位
2. 找出互補資源夥伴
3. 主動釋出價值
4. 養成「人脈迴路意識」
5. 建立互惠文化與參與規則

**讓互惠變成文化,而非偶發事件**

# 6-6
# 值得終身託付的對象

在人脈經營的終極境界中,能夠讓人毫不猶豫地說:「這個人,我可以一輩子信任他」,正是一種最高形式的信任資產。這樣的關係不是偶然建立,而是來自長期的策略佈局、持續的價值提供與細節上的極致經營。真正值得終身託付的對象,往往具備三個關鍵條件:明確的實質差異化、穩定的情感信任,以及難以取代的專業定位。

## 一、建立實質差異化:提升不可取代的專業優勢

在競爭激烈的環境中,關係是否能夠長久,第一層關鍵來自「你有什麼,是別人沒有的」。這就是「提升實質差異化的能力」,也是打造「競爭對手的排他性」的關鍵策略。這不是華麗的行銷包裝,而是實打實的技能疊加與價值輸出。

- 你能解決他人難以解決的問題,便具備了焦點化優勢。
- 你能持續進化自己的能力組合,讓對方在每一次互動中,都看到你的成長曲線。
- 你提供的是高附加價值的服務,讓合作不只是選項,而是最佳解決方案。

這種差異化,正是形成長期信任的技術底層。當對方在選擇是否繼續與你連結時,最終會問:「如果不是你,還有誰能做到?」

## 二、打造深層信任的「感覺」與「感受」

「人脈成功是一種旅程」，這段旅程的穩定與長遠，來自每一次互動所累積的感覺與信任感。當你想成為卓越人脈中，值得終身託付的對象，最終你經營的是給人的「感覺」、「感受」，而非單一技能的展示。

- 你是否讓人感到被重視？
- 你是否在對方需要時，總能及時出現？
- 你是否言出必行、始終如一？

這些「非語言的行為細節」，正是建立「屹立不搖的信賴感」的關鍵。它們會累積成情感帳戶中的正向存款，讓你在人脈關係裡擁有長期信用額度。

## 三、用策略與工具經營出清楚的關係藍圖

人脈關係經營，不該是模模糊糊的摸索，而應該像「雲霧散去後的清清楚楚」，這背後的差別，就是策略性經營與工具化的整合力。

- 透過「精準定聯系統」，你能清楚知道誰是高潛力人脈、誰是長期信任資產。
- 透過「LINE 多頁訊息分層導流與數據」，你能根據對方屬性與行為回饋，分層給予適當的價值內容。
- 你不只廣撒網，而是用策略進行「人脈鏈」設計，讓每個接觸點都能導向「成交轉換」或「關係深化」。

## 四、聚焦關係槓桿的經營戰略

真正頂尖的關係經營者，懂得聚焦在「關係槓桿」上。

這不是和所有人都很好，而是能夠善用有限的時間，深耕那些真正有價值、有互動基礎的關係，並經由這些關係，滲透進更高層級、更寬廣的網絡中。

例如：

- 你與一位保險業 A 級客戶維持穩定聯繫，透過多頁訊息的健康資訊推播，提升其感受度與價值感；當他認定你是值得信賴的顧問，便會主動引薦家人朋友，這就是轉介紹機制與信任堆疊的結果。
- 你為顧問業合作夥伴定制行銷策略、客戶旅程，每次成功轉化都歸功於你的建議與洞察，他自然願意在商業聚會中頻繁推薦你，進一步打開精準市場區隔。

## 五、成為「與眾不同」的那個人，創造感動細節

在這個資訊爆炸、專業同質化的時代，要讓人選擇你、記住你、信賴你，就必須有一種「贏向未來的關鍵~與眾不同」。

- 你是否在成交後，還主動提供延伸價值？
- 你是否在節日、生日、關鍵時刻，送上溫度滿滿的關懷訊息？
- 你是否在合作中，做到超出預期？

這些細節，將讓你從「專業」走入「記憶」，從「合作關係」進化為「終身信任」。

## 值得終身託付的對象

### 打造人脈網絡：一張緊密交織的價值網

**值得託付終身的對象**

- **建立實質差異化**：提升不可取代的專業優勢
- **深層信任**：經營的是給人的「感覺」、「感受」
- **清楚的關係藍圖**：用策略與工具經營
- **聚焦關係槓桿**：深耕有價值的關係，滲透更高層級、更寬廣的網絡
- **創造感動細節**：成為「與眾不同」的那個人

### 完成最重要的，才能享受最美好的人脈

要成為值得終身託付的對象，不僅要做對的事，更要持續做、做得深、做得讓人感動。

當你累積起無法輕易被取代的專業價值，打造深層信任的情感厚度，再加上策略化工具的經營思維，你的人脈網絡將不再只是線，而是一張緊密交織的價值網。

因為——當別人看到你，感覺到的是「安心」、體會到的是「信賴」，那麼你就已經走在了這條「人脈成功旅程」的巔峰。

而這一切，都是從清楚知道「我要成為怎樣的人」開始，並用「值得託付」的標準來打造自己。

### 結語

# 解鎖屬於你的人脈完美網絡

◆

在人脈經營的世界裡，我們走過了行銷定位與資源整合的起點，探索了關係中的溫度與流程節奏，深入了價值遞送的策略迴圈，理解了如何從關係的交集中創造市場影響力，也揭示了如何透過 LINE 多頁訊息與數據工具，將每一段人脈轉化為長期資產。

而最終，這一切都指向一個目標：協助你打造一張「能自我循環、持續增值、深度信任」的人脈網。

這不是一種理論，而是一套可實踐的系統；不是一場短跑，而是一場長期的策略旅程。從「點」的建立、「線」的連結，到「面」的鋪陳，你正在透過每一個設計過的互動，每一則有價值的訊息，每一次精準的聯繫，逐步編織出屬於你的人脈價值場域。

人脈不是你認識了多少人，而是有多少人願意為你站出來、為你說話、為你打開新的機會之門。而這樣的結果，來自於你是否持續為他人創造價值、是否在關係中主動迴向、是否讓別人因為「你是誰」而感到榮幸與安心。

這本書，是你打造人脈引擎的起點。從現在開始，讓我們從利他的初心出發，用策略性思維與實用工具，建構你專屬的關係矩陣，讓每一段關係都能升級為資產，讓人脈為你創造機會，實現你

心中那個更遠更大的願景。

未來，會屬於那些懂得經營人脈價值的人。
這一張「完美的人脈網」，就從你開始。

## 人脈背後的人脈（人脈矩陣串聯）
### 用Line多頁訊息，吸引10倍「人脈流模型」示意圖

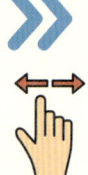

左右滑可一組12位老闆

**你自己** +LINE　免費加入曝光>
**A老闆** 憑此則訊息九折　導航到店
**B老闆** 憑此第二杯半價　按我導航
**C老闆** 憑此護膚保養8折　地址導航

你被夾帶

↑↑假設每人有500個好友群↑↑

500好友群　500好友群　500好友群　500好友群

(1你+11位客戶好友老闆「轉分享1次」
=12位*500好友群
>=6000位朋友看到(你)

【獲客效益 ∞ 大】

神隊友數位LINE OA官方帳號

神隊友數位官網

企管銷售 64

# 解鎖超級關係力

迴向式定聯，讓客戶主動接近你的秘密

- 作者　　　蔡國河、簡百應
- 主編　　　彭寶彬
- 美術設計　張峻樑

- 發行人　　彭寶彬
- 出版者　　誌成文化有限公司
　　　　　　地址：116 台北市木新路三段 232 巷 45 弄 3 號 1 樓
　　　　　　電話：(02)2938-1078　傳真：(02)2937-8506

　　　　　　台北富邦銀行　木柵分行（012）
　　　　　　帳號：321-102-111142
　　　　　　戶名：誌成文化有限公司

- 總經銷　　采舍國際有限公司 www.silkbook.com 新絲路網路書店

- 出版／　2025 年 8 月 初版一刷
- ISBN／　978-626-98884-5-0(平裝)
- 定價／　新台幣 480 元

國家圖書館出版品預行編目(CIP)資料

| |
|---|
| 解鎖超級關係力 / 蔡國河, 簡百應合著. |
| -- 臺北市：誌成文化有限公司, 2025.08 |
| 256 面；17*23 公分. -- (企管銷售；64) |
| ISBN 978-626-98884-5-0(平裝) |
| 1.CST: 人際關係 2.CST: 職場成功法 |
| 177.3　　　　　　　　　　　　　　114009884 |

◎版權所有，翻印必究